J'AIDE MON ENFANT À DÉVELOPPER SON ESTIME DE SOI

Bruno Hourst

J'AIDE MON ENFANT À DÉVELOPPER SON ESTIME DE SOI

Illustrations de Jilème

Deuxième tirage 2014

EYROLLES

Éditions Eyrolles
61, bd Saint-Germain
75240 Paris Cedex 05
www.editions-eyrolles.com

Pour plus d'informations : www.mieux-apprendre.com, le site du « mieux-apprendre » créé par Bruno Hourst pour faire connaître ses travaux aux enseignants, aux parents et aux entreprises.

Cet ouvrage a fait l'objet d'un reconditionnement à l'occasion de son deuxième tirage (nouvelle couverture et nouvelle maquette intérieure).
Le texte reste inchangé par rapport au tirage précédent.

Mise en pages : Istria

ISBN : 978-2-212-55928-6

Remerciements

...à Armelle Guillemot, Benoît Jahény, Denis Plan, Marion et Clément Hourst, Liliane Eaudin.

SOMMAIRE

AVANT-PROPOS

Chacun, parce qu'il pense,
est seul responsable de la sagesse
ou de la folie de sa vie,
c'est-à-dire de sa destinée.
Aristote

Au parent pédagogue

Le parent, par définition, se doit d'être un « pédagogue », en prenant ce mot en son sens étymologique : celui qui accompagne l'enfant – qui l'accompagne sur le chemin de la vie.

Élever un enfant, c'est un chemin d'humanité, pour lequel il faut du temps, du travail, de la patience. L'éducation d'un enfant se fait au jour le jour, avec des hauts et des bas, des plaisirs et des contraintes, des évidences et des interrogations. C'est dans la succession des jours que va se créer cette relation unique entre le parent et l'enfant, où l'enfant grandit et où le parent grandit aussi. Car l'éducation d'un enfant est affaire de besogneux…

Et dans cette démarche, le parent change, lui aussi. Il est confronté à la fois à sa propre enfance, qui influence sa démarche de parent, et à un nouvel environnement de société dans lequel il doit faire grandir le petit d'homme. Cela demande ouverture et humilité : rien n'est jamais gagné.

Ce petit livre est dédié au parent de bonne volonté.

Précision grammaticale

Le terme « estime de soi » peut, grammaticalement, se décliner : « Elle a une bonne estime d'elle-même », « Notre estime de nous-mêmes ».

Afin de ne pas alourdir l'expression des phrases, il a été choisi ici de garder l'expression telle quelle : « estime de soi », en tant qu'expression complète et invariable, quel que soit le contexte grammatical.

INTRODUCTION

On ne naît pas Hitler ou l'abbé Pierre. On ne naît pas politicien assoiffé de pouvoir, recherchant à tout prix l'argent et les colifichets, ou mère aimante. On ne naît pas tricheur, trafiquant de drogue, trader fou, ou personne responsable, respectueuse des autres et de la nature. On le devient.

Et ce devenir commence très tôt, dès la naissance, sous l'influence de l'environnement physique, affectif, mental qui va entourer l'enfant : d'abord dans sa famille proche puis élargie, ensuite à l'école avec son système éducatif, et dans la société dans lequel l'enfant va grandir, prendre sa place et agir, toute sa vie.

Dans cette aventure à l'enjeu crucial, qui va voir l'enfant forger progressivement sa personnalité, le parent va jouer un rôle essentiel – sans forcément s'en rendre compte et, souvent, sans vraiment mesurer les conséquences de ses actes de parent. S'il est illusoire de vouloir être un parent « parfait », on peut cependant s'accorder sur des idées simples, pratiques et essentielles qui pourront donner de bonnes chances à l'enfant de grandir « bien dans ses baskets » et d'avoir une vie d'adulte relativement bien épanouie.

Pour cela, le parent devra en particulier entretenir et développer chez son enfant ce que l'on appelle « l'estime de soi ». Cet état ou ce sentiment, que nous définirons plus précisément, est d'une importance cruciale pour l'enfant et jouera un rôle essentiel dans sa personnalité d'adulte. Cela influencera autant ses choix (amis, métiers, relations amoureuses, et d'autres) que sa réussite scolaire et professionnelle, ses comportements, sa plus ou moins grande facilité à traverser l'adolescence, ses capacités à surmonter les difficultés ou les obstacles de la vie : ce n'est pas rien ! Au parent donc, ainsi qu'à l'école et à la société, de faire pour le mieux afin de développer et d'entretenir cette estime de soi chez l'enfant.

Mais, bien entendu, la démarche du parent sera nécessairement influencée par sa propre estime de soi : si le parent se considère comme un raté, hésite à faire des choix ou a subi une éducation très rigide sans vraiment développer son autonomie, il risque de répéter envers son enfant ce qu'il a lui-même vécu, et de transmettre une estime de soi faible ou faussée avec des conséquences parfois dramatiques : certains psychothérapeutes considèrent que la raison première pour laquelle la plupart des personnes viennent les consulter est une faible estime de soi dans l'enfance ou l'adolescence. D'autres observateurs de la société considèrent qu'une grande part des problèmes sociaux viennent de personnes ayant une faible estime de soi. Et nous verrons au fil de ce livre d'autres conséquences graves d'un manque d'estime de soi, chez l'enfant comme chez l'adulte.

Nous allons donc ici « tirer le fil » de ce que l'on appelle *l'estime de soi* – à distinguer de la *confiance en soi*. Et nous allons voir qu'il y a beaucoup, vraiment beaucoup de choses qui viennent avec, jusqu'à l'idée même de la démocratie. À travers cette idée (ou cette notion) d'estime de soi, nous allons toucher à l'essentiel de l'être humain, à son humanité, à ce sans quoi il n'est pas vraiment « à hauteur d'homme ». L'enjeu n'est pas mince !

Ce livre s'adresse d'abord aux parents et aux adultes qui s'occupent d'enfants, pour les aider à développer l'estime de soi des enfants dont ils ont la charge.

Mais l'estime de soi que l'on souhaite entretenir et développer chez des enfants ou des adolescents sera intimement liée à sa propre estime de soi d'adulte – que l'on peut entretenir et développer toute sa vie ! Des pistes de réflexion et d'action, proposées pour développer l'estime de soi de son enfant, pourront donc également être utiles au parent pour développer sa propre estime de soi.

Mais d'abord, une petite histoire.

HISTOIRE SANS FAÇONS

En hommage à Walter Mitty et à son créateur,
James Thurber

« C'est à toi ! » lui cria la pisteuse, en se préparant à déclencher le signal de départ. « Bonne chance ! », ajouta-t-elle dans un souffle, pour n'être entendue que de lui.

Le gouffre de la piste de descente olympique s'ouvrait sous ses pieds. Cette fois, c'était la bonne, il monterait sur la plus haute marche du podium, il avait déjà la victoire dans sa tête et dans ses jambes. En plus, il allait pulvériser le record mondial de vitesse, c'était son jour de gloire.

Cela faisait des mois qu'il s'entraînait. Il avait réussi à surmonter deux blessures graves, à la stupéfaction de ses médecins et de son entraîneur :

« Voyons, Walter, il est trop tôt, ta blessure au genou n'est pas totalement guérie !

— Laissez-moi, dit-il d'une voix tranquille, ferme et assurée. Je dois reprendre l'entraînement dès demain. Et cette médaille d'or, je l'aurai, je vous le promets ! »

Et il allait l'avoir ! Dans quelques secondes, il serait vainqueur.

Le chrono se déclencha, avec son curieux bruit : pocata, pocata, pocata.

« Alors, tu y vas ou non, crétin ? ! Sinon, laisse la place aux autres ! »

À regret, Walter, malgré ses 5 ans, se résigna, se mit de côté et laissa passer Pierrette qui, sans un moment d'hésitation, s'assit en haut du toboggan et se laissa glisser jusqu'au sol, dans les cris d'excitation de sa maman.

De retour au sol du jardin public, son papa en rajouta :

« Alors, Walter, même pas capable de descendre un petit toboggan comme ça ? Et tu te fais passer devant par des filles ? Dis donc, pour un garçon, tu es vraiment une lavette. Moi, à ton âge, je descendais des toboggans dix fois plus haut, j'étais champion !

— Oui Papa... »

Et la vie continua...

« Difficile mission, Walter, il n'y a que vous qui pouvez la mener à bien. Cela va être très délicat. Il vous faudra des doigts de fée pour réparer ce satellite. Et vous savez que l'avenir d'une partie de l'humanité est entre vos mains. Si ce foutu satellite n'est pas réparé à temps, il tombera et fera des millions de morts.

— Oui monsieur. »

D'une voix calme, Walter accepta la mission. Il faisait ce qu'il voulait de ses mains, il pouvait réparer une montre les yeux fermés. Il allait sauver l'humanité. Il y était déjà, là-haut, les pieds calés dans le bras télescopique de la navette, en train de réparer ce foutu satellite en sifflotant.

« Qu'est-ce que tu siffles, Walter ? » lui demanda John, l'astronaute de réserve.

Walter sourit. Un chic type, ce John, mais un peu limité. Il n'y avait vraiment que lui pour bricoler ce fichu satellite avant qu'il ne retombe sur Terre.

« Le finale d'un opéra, que j'ai chanté il y a quelques années au Royal Albert Hall, ça swinguait dur en ce temps-là. »

Ce satellite, c'était vraiment du gâteau à réparer, dans deux minutes il aurait fini.

Je me souviens, je l'entends encore, il y avait tout le public qui m'accompagnait à la fin en rythmant : « Po-cata ! Po-cata ! »

« Merde, Walter, tu peux pas faire attention ? ! Qu'est-ce que tu es maladroit ! Ce n'est pourtant pas compliqué de planter un clou et d'installer cet appareil ! À 8 ans, tu devrais être capable de petits bricolages de rien du tout comme ça !

— Oui Maman... »

Et la vie continua...

« Une carte ! »

Un vent de stupéfaction l'enveloppa. Toutes les personnes autour de la table retinrent leur souffle. Plusieurs jeunes femmes en robe du soir sentirent leur cœur s'accélérer. Qu'il était beau, qu'il était fort ! Walter, l'outsider, défiait lors de cette ultime partie John Latorgnole, le roi du poker. Et il demandait une carte !

Depuis le début, il maîtrisait la partie. Il voyait le front de John Latorgnole se couvrir de sueur : ça, le roi du poker ? Phtt !

« Nouveau jeu ! »

Sa voix coupa comme un rasoir. Le croupier, avec un sourire de crainte respectueuse, lui tendit un nouveau jeu, qu'il mélangea entre ses doigts avec aisance, en souriant du coin des lèvres. L'enjeu était énorme, il avait misé toute sa fortune. Quelle importance, il allait gagner...

Autour de lui, il pouvait entendre le cœur des jeunes femmes s'accélérer, cela faisait « pocata boum, pocata boum, pocata boum ». Elles étaient toutes folles amoureuses de lui.

« Bon, alors, tu te décides, Walter ? ! C'est à toi de jouer. Tu joues le 6 de trèfle ou le 9 de cœur ? On ne va pas y passer la journée, hein ?

— Heu, bon, le 9 de cœur.

— Raté, c'est le 6 de trèfle qu'il fallait jouer, évidemment ! Tu savais bien que Georges allait couper, non, c'est pourtant simple ! C'est désespérant de jouer avec toi, on perd à tous les coups. Pourtant, à 12 ans, tu devrais être capable de réfléchir un peu, non ?

— Oui Papa... »

Et la vie continua...

C'est le regard clair et les yeux grands ouverts que Walter se dirigeait vers la mort. Son calme et sa tranquille détermination face à son destin forçaient l'admiration de ses ennemis les plus acharnés. Quel rude adversaire ils avaient eu avec Walter, mais quelle force, quelle grandeur d'âme il avait face à l'adversité !

Walter s'avança vers le chef du peloton d'exécution, le salua, et le regarda droit dans les yeux en lui tendant le dossier confidentiel tant recherché par tous les services secrets du monde. Il avait perdu cette fois-ci, mais personne n'oublierait Walter, digne et calme jusqu'au dernier instant de sa vie.

« Une cigarette ? »

Walter eut un léger sourire. Son adversaire regardait trop de films. La dernière cigarette du condamné, ce n'était pas pour lui. Il n'aurait aucune faiblesse, jusqu'à l'ultime instant, face au peloton d'exécution.

« Je vous en prie, vous pouvez fumer, répliqua Walter. À chacun le choix de sa mort. »

L'officier grimaça un sourire, tendit une main à Walter et lui dit :

« Walter, j'aurais aimé avoir un fils comme vous. Emportez toute mon admiration dans cet autre monde où vous allez. Je regrette de perdre un adversaire tel que vous. »

Walter ne répondit rien. La vie allait continuer sans lui. Il entendait au loin le « pocata, pocata » assourdi de la ville, mais il n'avait aucun regret, il avait donné le meilleur de lui-même. Il refusa le bandeau qu'on lui proposait et prit place devant le poteau d'exécution.

« Quoi ?! 6 en mathématiques, 8 en français, 7 en physique, 11 en histoire-géo ! Mais qu'est-ce que c'est que ce bulletin ? !! Et tu comptes faire quoi, plus tard, Walter ? Chômeur professionnel ? Dormir sous les ponts ? Ah ! Et la cerise sur le gâteau : une bonne note en gym, 19/20, là vraiment tu t'éclates ! Et tu crois que c'est avec la gym que tu vas passer ton bac, Walter ? Tu crois que savoir faire un double salto arrière va te servir dans la vie ? Qu'est-ce qu'on va faire de toi, Walter ?

Ah non, excuse-moi, j'ai oublié une bonne note en option théâtre, avec les félicitations de ton prof. N'importe quoi !

Dis donc fiston, il va falloir agir un grand coup, là, pour redresser la situation.

Donc, pour commencer, suppression de ce qui ne sert à rien, tes entraînements en gymnastique et le théâtre. Ensuite, interdiction de sortir le mercredi avec ta bande de copains et de copines, tu resteras ici à faire tes devoirs, que je vérifierai moi-même. Et gare à toi s'ils ne sont pas correctement faits. Et bien entendu ne compte plus partir en vacances chez tes cousins à la montagne : ça sera cours de rattrapage pendant toutes les vacances.

— Mais Papa...

— En plus tu veux discuter ? Tu ne trouves pas déjà scandaleux d'avoir un tel bulletin ? Quand je pense à tous les efforts que nous faisons, ta mère et moi, pour te permettre d'être dans le meilleur collège privé de la ville, c'est vraiment très très décevant, Walter, tu nous déçois beaucoup. Pourtant, depuis le début, nous te soutenons dans tes études. On t'a fait apprendre à lire bien avant le CP, on t'a fait sauter une classe inutile, on te met dans les écoles qui ont les meilleurs résultats, et tout ça... pour ça, un bulletin scandaleux. Fini d'être paresseux, Walter, il va falloir faire de sacrés efforts. À l'évidence tu ne brilles pas par l'intelligence, pour avoir un tel bulletin, mais nous te soutiendrons autant qu'il faut pour que tu réussisses tes études, même malgré toi s'il le faut. Il ne sera pas dit que mon fils est incapable de réussir ses études.

— Oui Papa... »

Et la vie continua...

« Au feu ! »

Le feu avait pris dans un petit immeuble, en fin de soirée, et Walter passait par là. Il s'approcha aussitôt du groupe de badauds impuissants qui entouraient l'immeuble et demanda :

« Et les pompiers ?

— On les a prévenus, mais ils tardent à arriver. Ils vont arriver trop tard.

— Pourquoi trop tard ? demanda Walter.

— Deux jeunes enfants sont coincés au troisième étage, l'appartement de gauche, mais impossible d'aller les sauver, les escaliers sont déjà en flammes. Il faudrait grimper par les gouttières, mais seul un chat pourrait y parvenir. »

Une mère, un peu plus loin, criait de douleur en montrant son appartement, où ses deux enfants étaient coincés.

Sans hésiter, Walter fendit la petite foule qui entourait l'immeuble et courut jusqu'au coin encore épargné par les flammes. Des cris tentèrent de l'en empêcher : il était déjà loin. Il agrippa la gouttière et commença à grimper le long du mur. En quelques instants, il était au niveau du troisième étage, à près de 8 mètres au-dessus du sol. De son coude, il cassa le carreau d'une fenêtre et disparut rapidement à l'intérieur de l'appartement.

La foule était abasourdie.

« Qui est-ce ?

— Je l'ai reconnu, c'est Walter ! cria quelqu'un. Il est fou, il va brûler avec les gosses ! »

Pendant quelques instants, le temps sembla suspendu. Les flammes redoublaient, commençaient à envahir l'appartement où se trouvaient les enfants, et Walter ne revenait pas. Puis on le vit apparaître à une fenêtre, tenant les deux petits enfants dans ses bras. Il semblait expliquer au plus grand, calmement, de bien s'accrocher à son cou. Quant à l'autre, encore un nourrisson, il le glissa dans sa chemise. Ainsi lesté, il sortit sur le rebord de la fenêtre, saisit la gouttière, et commença doucement à descendre. On voyait qu'il parlait aux enfants pour les rassurer, on crut même l'entendre chantonner. Au bout d'un moment – qui parut une éternité aux spectateurs, il arriva doucement au sol, reprit les enfants dans ses bras et courut les mettre à l'abri des flammes qui allaient atteindre le coin de l'immeuble où ils se trouvaient.

Quelques instants plus tard, la mère couvrait ses enfants de baisers en pleurant de joie.

Walter s'assit dans l'herbe, silencieux, pendant que la foule l'entourait dans un brouhaha d'exclamations. On entendit la sirène des pompiers qui, enfin, arrivaient...

« ... et je tiens à rendre hommage aujourd'hui au jeune Walter qui, grâce à ses extraordinaires compétences, ses talents, son calme et sa maîtrise, a pu sauver deux enfants d'une mort certaine. Nul doute en effet que sans son exceptionnelle agilité de gymnaste, sans ses capacités à parler aux enfants pour les rassurer, sans son sang-froid, sans son intelligence pour repérer la seule action encore possible, cet incendie, qui a frappé un immeuble de cette belle ville dont je suis le maire, se serait terminé tragiquement. Je ne peux que donner en exemple Walter à tous les jeunes et moins jeunes de notre ville. Bravo Walter, et merci ! »

Et la vie continua...

PARTIE I

PREMIÈRE APPROCHE DE L'ESTIME DE SOI

CHAPITRE 1

QU'EST-CE QUE L'ESTIME DE SOI ?

Au programme

- Définir l'estime de soi
- L'émergence de la notion d'estime de soi
- Quelle place donne-t-on actuellement à l'estime de soi ?
- Estime de soi et confiance en soi
- Estime de soi et amour-propre
- Estime de soi et morale
- En avoir ou pas : la faute aux autres ?
- Les variations de l'estime de soi

Définir l'estime de soi

Le concept d'estime de soi n'est pas simple à définir, tant la notion est riche et complexe. Afin de commencer à cerner cette notion, voici quelques définitions qu'en donnent des spécialistes :

- C'est le jugement ou l'évaluation que l'on fait de soi-même, en rapport avec ses propres valeurs.
- C'est la certitude intérieure de notre propre valeur, la conscience d'être un individu unique, d'être quelqu'un qui a des forces et des limites.
- C'est la disposition intérieure à se considérer comme compétent pour répondre aux problèmes simples de la vie, et à être capable de bonheur.
- C'est la manière dont nous nous voyons nous-même, et la manière dont nous pensons que les autres nous voient.
- C'est la somme des sentiments que nous avons sur nous-même, basée sur deux convictions : *je peux être aimé*, et *je suis capable d'aimer*.
- C'est savoir apprécier sa propre valeur et sa propre importance, et avoir la force de caractère suffisante pour se sentir responsable de ses actes, envers soi-même et envers les autres.
- C'est le sentiment intérieur d'être adapté à la vie que nous vivons et aux nécessités de cette vie.

- C'est à la fois la confiance dans le fonctionnement de notre esprit, dans sa capacité à penser, à réfléchir, à comprendre, à apprendre, à choisir, à prendre des décisions, et une attitude positive envers notre droit à vivre et à être heureux.

Retenons pour l'instant quelques premières pistes pour cerner la notion d'estime de soi :

- L'estime de soi est avant tout une *démarche intérieure* ; elle est liée intimement à la conscience que l'on a de soi-même, en particulier la conscience de nos capacités et de nos forces tout en ayant une vue assez juste de nos limites.
- L'estime de soi se développe dans un *environnement extérieur*, qui l'influence positivement ou négativement.
- L'estime de soi doit nous permettre de répondre aux défis de la vie, de manière responsable et sereine.
- L'estime de soi a un lien avec nos valeurs personnelles et la qualité de notre vie, en particulier dans notre recherche du bonheur.

L'émergence de la notion d'estime de soi

La notion d'estime de soi a commencé à être évoquée sous ce nom au XIXe siècle, puis est devenue mieux connue du grand public dans les années 1980, en particulier lorsque fut établi un rapport entre estime de soi et réussite ou échec scolaire.

À l'époque, on n'a pas manqué de se moquer de ce concept. S'appuyant sur des études de chercheurs, il a été fait une corrélation négative entre réussite scolaire et estime de soi : les écoles japonaises avaient les meilleurs résultats scolaires, et les jeunes Japonais le plus bas niveau en estime de soi – et c'était le contraire dans les écoles américaines : haute estime de soi et résultats les plus bas. La conclusion était donc qu'il valait mieux, comme au Japon, réussir à l'école plutôt que d'avoir une bonne estime de soi ; et que les louanges excessives et permanentes que recevaient les petits Américains conduisaient à des résultats scolaires particulièrement médiocres.

Des recherches plus récentes ont mis en évidence une troisième voie : les enfants qui ont une bonne estime de soi (telle que nous la préciserons plus loin) apprennent plus facilement et retiennent mieux. En fait, ils font tout mieux. Et si ce sentiment de bien-être intérieur est encouragé pendant l'adolescence et jusqu'à l'âge adulte, ils auront de meilleures chances de faire face aux aléas de la vie et de vivre une vie à peu près heureuse.

Dans les années 1990, l'intérêt pour l'estime de soi s'est élargi au-delà du système scolaire. On l'a reliée au développement personnel, aux problèmes sociaux, à l'organisation des entreprises et au monde du travail.

Et l'expression est devenue progressivement à la mode, donc l'objet de rejets, de moqueries, d'excès et de contresens. Cela a fait oublier que l'estime de soi est une composante naturelle et universelle de la personnalité humaine, depuis toujours. Et qu'il était temps de la redécouvrir.

Quelle place donne-t-on actuellement à l'estime de soi ?

Même si le concept d'estime de soi est maintenant reconnu, cela ne signifie pas que son bon développement soit devenu une priorité dans nos sociétés. C'est un sujet qui ne semble intéresser ni les politiques ni les décideurs, et c'est sans doute extrêmement dommage, tant les conséquences peuvent être graves – nous le verrons bientôt.

Du côté de l'école, au niveau des dirigeants, il semble y avoir un refus obstiné de comprendre que l'on peut améliorer le rapport des enfants à l'école (et en particulier améliorer leurs résultats scolaires) à travers des voies de traverse, comme la pratique d'un instrument de musique ou le développement de l'estime de soi des enfants. Et, à l'école, les compétences liées à l'estime de soi sont souvent peu encouragées : l'autonomie, la responsabilité, la réflexion sur soi-même, la capacité à dire non, l'expression de ses sentiments et de ses opinions, le respect de ses valeurs.

Du côté des adultes, on mettra en évidence dans le monde du travail des symptômes du manque d'estime de soi, en particulier le stress, l'absentéisme ou le manque de motivation, sans vraiment s'intéresser à la cause : comment développer et renforcer l'estime de soi des individus, en particulier sur leur lieu de travail ?

Pour résumer et en caricaturant un peu, on pourrait dire que l'on considère actuellement dans nos sociétés :

- qu'il vaut mieux réussir à l'école qu'avoir une bonne estime de soi ;
- qu'il vaut mieux gagner beaucoup d'argent et faire une brillante carrière qu'avoir une bonne estime de soi.

Une idée cependant commence à prendre corps :

- non seulement un être humain ne peut pas se développer de manière équilibrée sans une bonne estime de soi,
- mais également une société ne peut pas se développer harmonieusement avec des personnes qui ne s'aiment pas, ne se respectent pas elles-mêmes, ne donnent pas de la valeur à leur propre personne, n'ont pas confiance en elles, en bref : qui n'ont pas une bonne estime de soi.

La notion d'estime de soi serait donc à remettre au centre de tout projet éducatif, social ou politique : vastes chantiers !

Estime de soi et confiance en soi

Au premier abord, on peut confondre la confiance en soi et l'estime de soi. La confiance en soi s'applique essentiellement à nos actes et à nos comportements, et soutient notre envie d'entreprendre. L'estime de soi est une démarche intérieure.

L'enfant, à la naissance, a une confiance en soi infinie, totale, absolue – le monde lui est ouvert, tout est prêt pour l'aider à apprendre, grandir, découvrir, expérimenter, réussir… mais son estime de soi est entièrement à construire, car il n'a encore aucune conscience des éléments clés de sa personnalité ni de ses capacités à interagir avec le monde extérieur. Il n'est pas encore capable de réfléchir sur lui-même.

Pourtant la confiance en soi et le développement de l'estime de soi sont intimement liés, en particulier dans la petite enfance :

- Si l'enfant peut garder et entretenir cette confiance en soi qu'il a reçue à la naissance, il va pouvoir *prendre conscience* de ses capacités à bien interagir avec le monde, il construira les fondements d'une estime de soi positive et il aura de bonnes chances de vivre une belle vie.
- En revanche, si la confiance en soi du petit enfant est bridée, cassée, étouffée, détournée ou abîmée, son estime de soi aura du mal à se construire, avec de nombreuses conséquences graves, pour lui comme pour les autres. Il va lui être très difficile (mais pas forcément impossible, nous le verrons) de développer une saine estime de soi.

Remarquons que l'on peut avoir une grande confiance en soi et une faible estime de soi : l'une sera liée à nos compétences et à notre capacité à agir sur le monde, l'autre à la conscience que nous avons de nous-même. Par exemple, un chef d'industrie ou un homme politique pourra être reconnu pour sa capacité à prendre des décisions, à paraître toujours sûr de lui dans ses actes (*confiance en soi*), alors qu'il se saura, en conscience, malhonnête, manipulateur, arriviste, avide de pouvoir à tout prix, incapable de ressentir ou de donner du bonheur (*estime de soi*).

Estime de soi et amour-propre

On peut également confondre l'estime de soi et l'amour-propre, et en effet les deux concepts sont proches et complémentaires. L'amour-propre (étymologiquement : « l'amour que l'on se porte à soi-même ») est le sentiment qu'a un individu de sa dignité et de sa propre valeur, et fait référence à la fierté personnelle. Ce sont des éléments que nous retrouverons dans les composantes de l'estime de soi.

Le mot « amour-propre » est souvent pris dans un sens péjoratif : *« Il est pétri d'amour-propre », « Il n'agit ainsi que par amour-propre ».* L'expression « estime de soi », plus large, n'a pas de connotation négative.

Estime de soi et morale

Des connotations morales peuvent aussi venir brouiller la notion d'estime de soi, que l'on confond volontiers avec l'arrogance, la vantardise, la vanité ou la fanfaronnade, alors que l'on prêche la discrétion, l'humilité ou l'effacement. C'est ainsi que certains mouvements religieux américains ont tenté d'empêcher la mise en place de programmes officiels visant à développer une bonne estime de soi chez les enfants, au nom de la « morale ».

En fait, la vantardise, la vanité, l'arrogance, ou la recherche effrénée du pouvoir ne reflètent pas une estime de soi trop forte, mais plutôt une estime de soi trop faible. Lorsque l'on a une bonne estime de soi, on ne cherche pas à prouver que l'on est supérieur aux autres, bien au contraire : on tire sa force dans le fait d'être soi-même, d'avoir une conscience réaliste de ce que l'on est, avec ses forces et ses faiblesses. Les personnes ayant une faible estime de soi ont souvent besoin de prouver aux autres ce qu'elles ne sont pas, avec un besoin compulsif de faire des comparaisons et d'être en compétition. Un ego démesuré et une recherche effrénée de pouvoir sont souvent à relier à une faible estime de soi.

De même, on ne confondra pas l'estime de soi avec le narcissisme ou la suffisance : une saine approche de l'estime de soi est basée sur le réalisme et non sur des représentations exagérées ou imaginaires de ses capacités et de ses valeurs.

En avoir ou pas : la faute aux autres ?

Lorsque l'on parle d'estime de soi, de son développement ou de ses blessures, on pense en général que cela vient essentiellement de l'extérieur, des autres : les parents, l'école, la société, la culture, la religion, etc.

S'il est clair que l'estime de soi se crée dans un environnement extérieur avec lequel nous interagissons, nous avons vu que l'estime de soi a essentiellement une dimension *intérieure*, qui relève de notre responsabilité d'être humain.

Et, concernant le développement et la bonne santé de l'estime de soi, il y a deux dangers qu'il faut dès maintenant souligner.

Le premier, c'est celui de considérer qu'une estime de soi en bonne santé tient à quelques recettes simples, que doivent appliquer les parents et les enseignants. Sur ce premier point, nous verrons que l'estime de soi d'un enfant se construit au jour le jour, que c'est une fleur fragile à laquelle il faut être très attentif et apporter soin, persévérance et support : ce n'est en rien une démarche standardisée, que l'on peut appliquer à l'identique à tous les enfants.

Le deuxième danger est celui de se complaire dans une sorte de fatalisme ou de déterminisme : nous avons – ou nous n'avons pas – une bonne estime de soi, elle est déterminée par les premières années de notre vie, et nous ne pouvons plus y faire grand-chose ensuite (à part des années de psychothérapie, pour peut-être améliorer un peu les choses).

Sur ce deuxième point, on sous-estime souvent la capacité de l'individu à changer et à grandir, lorsqu'il prend la responsabilité de sa vie en main. Croire que l'on est incapable de changer induit le fait que l'on ne change pas, et confirme donc cette croyance que nous sommes incapables de changer : ce que les gens savants appellent une « prophétie auto-réalisatrice » Par exemple : nous échouons à un examen, donc nous en déduisons que nous ne sommes pas doué pour les études – ce qui a des répercussions sur nos résultats futurs : nous nous programmons pour échouer à de nouveaux examens.

Pourtant, changer en profondeur ne nécessite pas forcément des changements radicaux dans sa vie : des petits changements peuvent conduire à de vrais changements, des petits pas permettent d'avancer – nous le verrons. Et grandir avec nos enfants peut nous y aider.

Les variations de l'estime de soi

Un autre point à souligner : le niveau de notre estime de soi pourra varier au cours de notre vie, il n'est pas défini une fois pour toutes pendant l'enfance. L'estime de soi peut grandir en même temps que l'enfant, ou bien elle peut se détériorer très vite. Il y a des personnes dont l'estime de soi était très forte à 10 ans, et qui est beaucoup plus faible à 40 ans – et le contraire est également vrai. Des recherches semblent montrer que l'image que l'on a de soi continue à se transformer même après l'âge de 80 ans.

L'estime de soi étant liée à la valeur que l'on s'attribue dans les différents aspects de la vie, elle peut également varier selon les différents aspects d'une même personne : sur le plan physique (comme l'apparence), sur le plan intellectuel (capacités, mémoire, résolution de problèmes, prise de décisions) ou sur le plan social (relations, amis).

Pour compliquer encore un peu les choses, notre estime de soi n'est pas identique dans les différentes sphères de notre vie : on peut avoir une bonne estime de soi dans son domaine professionnel, et une moins bonne dans sa vie familiale ou sentimentale.

Et ces différentes estimes de soi sont interdépendantes : un succès ou un échec dans un domaine (par exemple professionnel) pourra avoir des répercussions sur notre estime de soi dans un autre domaine (par exemple sentimental). Des difficultés avec notre apparence, par exemple celles vécues par de nombreuses adolescentes (« *Je suis moche* ») pourront avoir des répercussions sur le plan scolaire (« *Je suis nulle* ») ou sur le plan affectif (« *De toute façon, personne ne m'aime* »).

Retenons que l'estime de soi se construit au fil des années, qu'elle n'est jamais définitivement acquise et qu'elle n'est jamais définitivement fixée. Elle fluctue dans un processus qui dépend de la situation présente et de son rapport avec notre propre passé : si nous avons des « réserves » d'estime de soi, c'est-à-dire un ensemble d'expériences passées positives, nous aurons de bonnes chances de répondre au mieux à la situation présente, même difficile. Inversement, si nous avons accumulé des expériences négatives, nous aurons plus de difficulté à répondre aux situations présentes.

Le modèle financier de l'estime de soi

Certains psychologues ont fait une analogie intéressante entre l'estime de soi et les placements financiers. Voici leurs conclusions :

- **L'estime de soi doit être régulièrement réinvestie pour ne pas se dévaluer (de même que tout capital non investi s'érode, l'estime de soi ne pourra s'enrichir et se fortifier qu'à travers des projets, des actions, des comportements, etc.).**
- **Les gains sont à la hauteur des risques pris (la prudence excessive, le maternage ne permettent pas à l'estime de soi de se construire correctement).**
- **Plus le capital de départ est élevé, plus les risques sont faciles à prendre (d'où l'importance de créer chez l'enfant de bonnes « réserves » d'estime de soi, qui lui serviront une fois adulte).**

En résumé, l'estime de soi est indispensable mais incertaine. C'est un processus qui dure toute la vie, directement lié au développement de notre personnalité, de la naissance jusqu'à notre mort.

Et finalement, est-il possible d'avoir *trop* d'estime de soi ? Si l'on considère l'estime de soi comme un état naturel et souhaitable, non, bien entendu, pas plus qu'il n'est possible d'avoir une trop bonne santé physique. Nous verrons cependant qu'une forte estime de soi peut parfois pousser à des excès et à des dérives, qu'il faudra savoir maîtriser.

CHAPITRE 2

COMPORTEMENTS ET ESTIME DE SOI

Au programme

- Quelques symptômes d'une faible estime de soi
- Des signes et des comportements qui manifestent une bonne estime de soi
- Comment détruire sa propre estime de soi et celle des autres

Pour – plus loin – tenter d'ouvrir des pistes permettant de développer l'estime de soi de l'enfant, il est intéressant de s'interroger sur les signes extérieurs d'une bonne ou d'une faible estime de soi.

Sans vouloir trop systématiser, certains comportements de l'enfant, de l'adolescent et de l'adulte vont nous donner des indications qui nous seront ensuite utiles d'une manière pratique.

Quelques symptômes d'une faible estime de soi

Aucun des éléments énumérés ci-après, pris isolément, ne prouve une faible estime de soi ; mais lorsqu'une bonne partie sont présents ensemble, l'estime de soi semble durablement atteinte.

Attention donc à ne pas systématiser ni généraliser : un enfant comme un adulte peut avoir des passages à vide, des moments de creux où apparaîtront peut-être certains de ces symptômes, sans qu'on puisse en déduire forcément une faiblesse préoccupante en estime de soi !

D'une manière générale, nous remarquerons qu'il y a des symptômes opposés d'une faible estime de soi : soit dans l'excès, soit dans le manque.

Chez l'enfant

Dans les excès :

- des comportements antisociaux, de l'agressivité permanente ;
- un attachement compulsif à l'un ou l'autre parent (on ne veut pas le quitter) ;
- la vantardise, la vanité, les comportements de parade ;
- les comparaisons avec les autres à son avantage ;
- le refus de jouer à des jeux où l'on peut gagner ou perdre (il veut toujours gagner).

Dans les manques :

- la passivité, rien ne semble l'intéresser ;
- le sentiment d'être mal aimé, rejeté ;
- les comparaisons avec les autres à son désavantage ;
- l'autodénigrement : « *Je ne sais rien faire* », « *Je suis nul* » ;
- le découragement, le sentiment qu'il n'y arrivera jamais ;
- le sentiment d'être incompétent, incapable ;
- le refus de la nouveauté (rencontres, voyages, nouvelles activités, nouveaux amis, etc.), la peur de quitter le milieu familial ;
- des phrases récurrentes comme : « *je déteste ça* » ; « *c'est stupide* » ; « *ça me fait ch...* ».

Chez le préadolescent et l'adolescent

On retrouvera les mêmes symptômes que chez l'enfant, souvent renforcés, avec également :

Dans les excès :

- un fort sentiment grégaire (l'envie d'appartenir à un groupe) et une forte vulnérabilité aux influences du groupe, qui le conduira à des conduites stéréotypées (effets de modes), à des comportements violents ou à risques, « pour faire comme les autres » ;

- le désir de se faire remarquer (parler et rire fort, vêtements très visibles, coiffure, piercings) ;
- le rejet de la responsabilité sur les autres ;
- le désir permanent de se montrer plus fort que les autres : crâner, se battre, se vanter, intimider des plus faibles ;
- une tendance à constamment blâmer les autres ;
- le refus de s'exprimer devant les adultes ;
- le refus des responsabilités ;
- le refus systématique de toute forme d'autorité, des règles imposées (consignes, règlement intérieur d'une école, lois) ;
- la violence physique et l'agressivité verbale ;
- le manque de compassion, d'attention aux autres ;
- le refus de se confronter à la difficulté, aux apprentissages.

Dans les manques :

- la crainte et la timidité ;
- le refus d'apprendre ;
- le repli sur soi ;
- le refus d'essayer des choses nouvelles, d'expérimenter de nouvelles voies, en particulier pour préparer son avenir ;
- des difficultés à faire des choix, à choisir des orientations (activités extrascolaires, métier futur) ;
- le refus de toute forme de compétition (même par jeu), par peur de perdre.

Tous ces comportements, lorsqu'ils sont cumulés, sont clairement liés à une faible estime de soi et risquent d'entraîner le jeune dans une spirale d'échec et de désespoir.

Chez l'adulte

Là encore, on retrouvera chez l'adulte un certain nombre de comportements qui plongent souvent leurs racines dans l'enfance, et d'autres plus spécifiques :

Dans les excès :

- des comportements irrationnels, un aveuglement face à la réalité ;
- l'hostilité envers les autres, envers celui qui est étranger ;
- la critique des personnes ayant une bonne estime de soi ;
- le dénigrement des autres, le fait d'avoir toujours raison ;
- l'abus de médicaments anxiolytiques ;
- des achats compulsifs, inutiles[1] ;
- des signes extérieurs de possession : belle et grosse voiture ou 4x4, Rolex, conjoint admiré, etc. ;
- des comportements de domination, en particulier au travail ;
- une glorification de l'échec (« *Une seule chose importe : apprendre à être perdant* » Émile Cioran).

Estime de soi et intolérance

> **Des études américaines ont montré un rapport étroit entre une faible estime de soi et des comportements intolérants et racistes – même si ce n'est pas la seule cause.**

Dans les manques :

- la peur de la nouveauté ;
- la rigidité dans les comportements ;
- des conduites défensives, la justification de tous ses actes ;
- des conduites stéréotypées ;

1. Le « moral des Français », cher aux politiques, devrait être mesuré par la diminution du niveau d'achats de biens de consommation, et non par son augmentation.

- le repli sur soi, le refus de s'intéresser à des choses nouvelles, de se lancer dans des apprentissages nouveaux ;
- la crainte des autres, de celui qui est étranger ;
- la conformité ou la rébellion inappropriée ;
- le malaise en présence de personnes ayant une bonne estime de soi ;
- le fait de se plaindre en permanence ;
- des difficultés à faire des choix : décisions laborieuses ou différées, inquiétude des conséquences ;
- le fait de donner une influence importante aux avis extérieurs ;
- une forte sensibilité à l'échec et à la critique ;
- une humeur fréquemment triste, un moral en dents de scie ;
- un réflexe de gêne lorsque l'on reçoit des compliments, etc.

Des signes et des comportements qui manifestent une bonne estime de soi

Après le sombre tableau ci-dessus, où l'on aura souvent tendance à se reconnaître, voyons le côté ensoleillé de l'estime de soi – où l'on pourra se reconnaître aussi !

Là encore, aucun de ces éléments pris isolément n'est une garantie d'une saine estime de soi, mais lorsqu'une bonne partie sont présents ensemble, l'estime de soi semble bien ancrée.

On peut repérer une bonne estime de soi à :

- des signes extérieurs ;
- des manières d'appréhender la vie ;
- des comportements ;
- des qualités humaines.

Des signes extérieurs

- un visage ouvert, une manière de parler et de se mouvoir qui exprime le plaisir que l'on a à être vivant ;
- des yeux vivants et brillants ; un corps détendu : le visage, les mâchoires, les épaules, les mains, les bras ;
- des mouvements simples, une posture générale bien équilibrée, une élégance naturelle ; une manière de marcher avec un but, sans être agressif (les tensions extérieures reflètent souvent des coupures intérieures) ;
- une voix bien modulée, avec une intensité appropriée à la situation (ni trop forte, ni trop faible), une prononciation claire ;
- une cohérence et une harmonie entre les paroles et les mouvements corporels ;
- une attitude générale donnant l'impression d'être bien avec soi-même.

On remarquera que le petit enfant montre en général tous ces signes extérieurs. Pourquoi les perd-il en grandissant ?...

Des manières d'appréhender la vie

- une attitude d'ouverture et de curiosité pour les idées nouvelles, les nouvelles expériences, les nouvelles possibilités de la vie, les nouveaux apprentissages ;
- le réalisme, l'acceptation de la réalité telle qu'elle est ;
- la capacité à parler de ce que l'on a fait ou de ce que l'on fera, avec honnêteté et simplicité ;
- la capacité à prendre plaisir aux aspects joyeux de la vie, chez soi et chez les autres ;
- une ouverture aux critiques, et la simplicité à reconnaître ses erreurs : l'estime de soi n'est pas liée à l'image d'être parfait ;

- si des sentiments d'anxiété ou d'insécurité apparaissent, ils ne nous submergent pas, nous les acceptons et nous les maîtrisons ;
- la capacité à gérer le changement ;
- de la vitalité, de l'enthousiasme ;
- une bonne compréhension de soi-même et des autres.

Des comportements

- la capacité à admettre et à corriger les erreurs que l'on a faites ;
- de la créativité, l'envie de sortir des conduites stéréotypées ;
- l'indépendance dans ses pensées et dans ses actes ;
- la flexibilité à répondre aux situations et aux défis, pour tenir compte des circonstances, en faisant confiance à son esprit et à ses capacités ;
- de la persévérance pour atteindre les buts que l'on s'est fixés ;
- la confiance en son intuition ;
- la simplicité à recevoir des compliments, et la simplicité à en donner, sans affectation ;
- la capacité à préserver une qualité d'harmonie et de dignité en condition de stress.

Des qualités humaines

- l'attention aux autres ;
- une écoute de qualité ;
- la coopération facile et naturelle ;
- la modestie, l'humilité, la tolérance ;
- l'acceptation positive de l'autre.

Estime de soi et modèles éducatifs

Des modèles éducatifs variables selon les milieux, les régions ou les pays, pourront donner une idée erronée de l'estime de soi d'une personne : ici, on sera censé parler le moins possible, et surtout pas de ses réussites ; là, il semblera naturel de raconter ses succès personnels, professionnels ou financiers.

Dans les entreprises, une bonne estime de soi sera souvent associée avec :

- **un travail de qualité ;**
- **de bonnes relations humaines**
- **et une réussite professionnelle, sans rechercher des fonctions brillantes (pouvoir, argent) qui nous dépassent.**

Une mauvaise estime de soi produira les effets opposés.

Comment détruire sa propre estime de soi et celle des autres

Il est plus facile de détruire que de construire, cela est bien connu et s'applique à de nombreux domaines – en particulier à l'estime de soi.

Négativisme adulte et estime de soi

On mesure souvent mal l'influence inconsciente de nos paroles sur le développement de l'estime de soi des enfants, en particulier dans des sociétés (comme la nôtre) où la critique est érigée en critère d'intelligence, et la louange en faiblesse.

Un chercheur a pris le temps de compter combien de fois (approximativement...) un enfant élevé dans une famille ordinaire s'était fait dire « *non* » ou « *ne fais pas ceci ou cela* » entre sa naissance et ses 18 ans : 148 000 fois !

Dans *School Matters*, une étude sur cinquante adolescents anglais, les chercheurs se sont intéressés à l'école et à la famille. Ils ont noté que :

- les enseignants consacrent moins de 1 % de leur temps à féliciter leurs élèves ;
- chaque enfant entend à l'école en moyenne 15 000 déclarations négatives chaque année ;
- dans sa famille, un enfant entend en moyenne seize déclarations négatives ou injonctives (*« Fais ceci ! », « Ne fais pas cela ! », « Dépêche-toi ! »*) pour une positive.

Nul doute que ces messages répétés, où le positif est en très grande partie occulté par le négatif, finissent par influencer la manière de se voir des enfants, et qu'ils aient bien du mal à s'accepter, à s'aimer, à développer sereinement leurs compétences et leurs talents.

Selon les neurosciences, les messages reçus par le jeune enfant seraient enregistrés dans une partie de son cerveau sur laquelle l'adulte qu'il deviendra ne pourra généralement exercer ni choix ni remise en cause.

Comportements destructeurs de l'enfant et estime de soi

On a remarqué que les comportements destructeurs se retrouvent souvent chez les jeunes qui vivent dans un environnement difficile. Certains y voient volontiers un phénomène de société, le refus d'un système, une hostilité globale à une manière de vivre proposée par le monde adulte. Et s'il s'agissait plutôt d'un problème d'estime de soi ?

Se basant sur de très nombreuses études sur l'estime de soi, le docteur Neil Smelser, coauteur de *The Social Importance of Self-Esteem*, conclut qu'une faible estime de soi se traduit par un ensemble de comportements (mauvais résultats scolaires, absentéisme, violence, excès d'alcool et de drogues, grossesses d'adolescentes, suicide) qui sont à la racine de nombreux problèmes sociaux, et que le fait de prendre en considération ce sujet permettrait de surmonter une bonne partie de ces problèmes.

Comportements violents de l'enfant et estime de soi

Le facteur le plus courant relevé dans la violence des jeunes est celui de la *compensation d'une image de soi dégradée*, reliée à une faible estime de soi : la plupart des agressions ont pour motivation la défense de l'image de soi, et sont souvent déclenchées par des faits qui semblent futiles ou absurdes.

Cette image dégradée qu'a le jeune de lui-même peut avoir différentes causes, qui peuvent agir séparément ou ensemble :

- la frustration de ne pas avoir tout ce qu'ont les autres (manque d'argent, fort impact de la publicité sur les jeunes) ;
- les abus précoces (sexualité, drogues) ;
- des parents irresponsables, qui n'ont jamais su donner un « cadre » à leur enfant, lui fixer des règles ;
- de mauvais enseignants, qui les ont enfoncés dans leurs difficultés, qui n'ont pas pris en compte leurs besoins spécifiques ;
- de mauvaises conditions économiques, le chômage des parents ;
- le fait d'avoir été violenté physiquement ou psychologiquement ;
- une trop grande exposition à la violence à la télévision, à Internet et dans les jeux vidéo, ou la tolérance à la violence dans l'environnement dans lequel vit l'enfant.

Là encore, sans faire de l'angélisme utopique, on pourrait envisager, en tant que piste de prévention et d'action, l'amélioration de l'estime de soi de ces jeunes – et non la répression en tant que moyen éducatif ! De nombreux pédagogues qui se sont attachés à aider ces jeunes l'ont compris depuis longtemps.

Deux lieux sont évidemment privilégiés pour développer les bases d'une bonne estime de soi et éviter que l'enfant ne tombe dans des comportements violents et/ou destructeurs :

- la famille : il a été montré qu'une relation forte de l'enfant avec ses parents et sa famille réduit l'attraction grégaire vers des groupes ou des bandes organisées, et donc réduit la tentation de la violence ;
- et l'école, où se construit particulièrement l'image de soi qu'un enfant a de lui-même, pour le meilleur – ou pour le pire. Souvent les jeunes ont des comportements destructeurs parce qu'ils ont le sentiment profond qu'ils ne possèdent pas les capacités d'intelligence pour réussir, sentiment souvent généré par le système scolaire et par les « étiquettes » négatives qu'ils ont reçues de manière répétée de certains enseignants.

L'autosabotage et le syndrome de l'imposteur

Un type de comportement, relié à une faible estime de soi, se met parfois en place dès l'enfance et se renforce à l'âge adulte : l'autosabotage. C'est le fait, lorsque l'on est en train de réussir quelque chose, de tout faire pour que finalement cela échoue et qu'on se retrouve ainsi au niveau inférieur qui, selon notre croyance personnelle, est notre vrai niveau.

On remarquera par exemple ce comportement à l'école, chez l'enfant qui refuse inconsciemment d'être plus « intelligent » que ses parents, et fera en sorte d'échouer à ses examens.

Chez l'adulte, on trouvera fréquemment ce comportement chez des personnes qui refusent un succès qu'elles estiment immérité, ou qu'elles pensent être le fruit de la chance ou du hasard. La réussite dérange leur vision d'elles-mêmes – ce que les psychologues appellent le *syndrome de l'imposteur*, beaucoup plus répandu chez les femmes que chez les hommes.

On pourra trouver ce type de comportement :

- dans le travail : la crainte de réussir, la peur de ne pas pouvoir toujours réussir brillamment dans le futur, la dévalorisation (« *C'est un coup de chance* » ; « *N'importe qui en aurait fait autant à ma place* » ; « *Mais non, je n'ai aucun mérite* ») ;
- dans les relations affectives (« *Elle est trop bien pour moi* » ; « *Il se trompe sur mon compte, il ne peut pas être amoureux de moi, de ce que je suis vraiment* ») ;

- dans ses relations avec ses enfants : dénigrement des succès de ses enfants, qui est une manière de se dénigrer soi-même ;
- dans sa vie personnelle : la peur du bonheur (« *Si tout se passe bien, c'est qu'il va m'arriver une tuile* »).

Nous pouvons ainsi nous programmer pour saboter notre vie, mais le processus peut également être utilisé positivement : « *Je crois que je peux* », suivi par un « *Je savais que je pouvais !* ».

La pseudo-estime de soi

On peut également rechercher une estime de soi avec des moyens qui ne marchent pas – et qui ne peuvent pas marcher. Nous pourrons donner l'illusion d'une bonne estime de soi, sauf à nous-même.

Par exemple, voici quelques comportements d'une pseudo-estime de soi :

- Au lieu de rechercher une estime de soi à travers ses éléments essentiels (comme le fait de vivre avec conscience, la responsabilité et l'intégrité, nous le verrons plus loin), nous pouvons la chercher à travers la popularité, les acquisitions matérielles ou les exploits sexuels.
- Au lieu de donner de la valeur à l'authenticité personnelle, nous pouvons accorder de la valeur au fait d'appartenir à telle communauté, telle religion, tel parti, tel groupe, ou au fait d'utiliser telle technologie à la mode, de porter tel vêtement de marque.
- Au lieu de rechercher le respect de nous-même à travers l'honnêteté, nous pouvons le rechercher à travers la philanthropie : « *Je fais des bonnes choses, je donne de l'argent à telle œuvre, donc je suis une bonne personne.* »
- Au lieu de rechercher l'autorité de la compétence, nous pouvons rechercher le pouvoir de manipuler et de contrôler les autres.

Et également :

- Je peux être aimé par ma famille, mes amis, mes collègues, et cependant ne pas m'aimer moi-même.
- Je peux être admiré par mes associés et cependant me considérer comme sans valeur.
- Je peux donner l'image d'une grande assurance, et craindre secrètement que mon sentiment d'incompétence n'apparaisse au grand jour.
- Je peux répondre aux attentes des autres, et être incapable de répondre à mes propres attentes.
- Je peux être couvert d'honneurs, et pourtant avoir le sentiment de n'avoir rien accompli qui en vaille la peine.
- Je peux être adulé par des millions de personnes, et cependant me réveiller chaque matin avec un sentiment de tromperie et de vide, ou comme un imposteur craignant anxieusement d'être découvert.

Reconnaissance des autres et estime de soi

Ainsi, la reconnaissance des autres ne crée pas notre estime de soi. L'érudition, les diplômes, la célébrité, les possessions matérielles, un mariage brillant, une généalogie remarquable, des conduites philanthropiques ou des conquêtes sexuelles peuvent nous aider à nous sentir temporairement plus confortables psychologiquement. Mais ce confort psychologique n'est pas de l'estime de soi. De nombreuses personnes recherchent l'estime de soi ailleurs qu'en elles-mêmes, et donc elles échouent.

Lorsque nous commençons à comprendre l'estime de soi de cette manière, nous comprenons la folie de croire qu'il suffit de donner une pseudo-image positive aux autres pour avoir une vraie image positive sur nous. Nous arrêtons de nous dire : « *Ah, si seulement j'avais cette promotion ; si je trouvais l'âme sœur ; si je pouvais m'acheter une plus grosse voiture ; si j'avais plus d'argent ; si je réussissais cet examen ; si mes enfants réussissaient brillamment – je serais réellement en paix avec moi-même.* » Nous arrêtons de mettre la source de l'estime de soi en dehors de nous-même.

La source ultime de l'estime de soi est, et ne peut être, qu'*intérieure*. C'est cette force intérieure que nous développons en nous, et qui ne dépend ni des éléments extérieurs, ni des avis de notre environnement social, ni des modes. De la même manière, il faudra apprendre aux enfants à créer leur propre personnalité non pas en se fondant sur les opinions des autres, et en particulier sur des modes et des groupes, mais sur leur propre force intérieure.

PARTIE II

LES ÉLÉMENTS CLÉS DE L'ESTIME DE SOI À DÉVELOPPER CHEZ L'ENFANT ET L'ADOLESCENT

Quelle est la finalité d'élever un enfant ? Élever un enfant, c'est essentiellement le préparer à une vie *autonome* en tant qu'adulte, permettant ainsi l'avancée de l'humanité à travers les générations.

Au départ, le petit enfant est dans une condition de dépendance totale. Il a une confiance en soi infinie, mais il n'a pas encore le sens de son identité personnelle, il n'a pas encore d'estime de soi. La marche vers l'autonomie sera liée à ce processus de maturation intérieure.

Lorsqu'il élève un enfant, un parent n'aura pas forcément bien conscience de cette nécessaire *démarche intérieure*, et aura tendance à imposer des valeurs, des manières de penser, une religion ou des comportements sociaux qui sont les siens. Bien entendu il est normal que le parent veuille transmettre des valeurs à son enfant, mais il n'a pas à lui imposer sa propre personnalité, il doit l'aider à construire la sienne. Cela permettra progressivement à l'enfant, en toute conscience, d'intégrer – ou non – les valeurs de ses parents.

Il est intéressant de noter que, contrairement à ce qu'on pourrait penser, il ne semble pas qu'il y ait une corrélation manifeste entre le développement de l'estime de soi chez l'enfant et la richesse de la famille, l'éducation reçue, la zone géographique où il vit, la classe sociale, le métier du père ou le fait que la mère soit toujours à la maison. Ce qui semble significatif, en revanche, c'est la qualité de la relation entre l'enfant et certains adultes qui lui sont proches.

Les spécialistes s'accordent sur le fait que l'estime de soi d'un être humain se met en place dans l'enfance et à l'adolescence à travers le développement de plusieurs **sentiments importants et positifs envers soi-même**, qui formeront les fondements sur lesquels pourra se bâtir une estime de soi pour la vie. Ces éléments pourront fournir un *cadre de comportement parental.*

Ces sentiments sont les suivants :

- **Se sentir en sécurité physique, émotionnelle et mentale**. C'est sans doute l'élément le plus fondamental que ressent l'enfant dès sa naissance. C'est le fait pour l'enfant de se sentir accepté par l'environnement dans lequel il vit, et de ne pas être confronté à des contradictions ingérables.
- **Développer un sentiment d'individualité et d'identité**. Lorsque la sécurité est construite, l'enfant acquiert son identité. Il peut commencer à répondre à la question : *« Qui suis-je ? »*. Il développe le sentiment d'être unique, d'avoir des capacités et des talents uniques. Il va également développer la *connaissance de soi.*
- **Développer un sentiment d'affiliation et d'appartenance**. Ce sentiment peut être développé chez l'enfant chaque fois qu'il est en relation avec d'autres : parents, frères et sœurs, membres de la famille élargie, copains de classe, amis, connaissances. L'enfant, à travers ce sentiment d'affiliation et d'appartenance, va construire progressivement sa manière d'interagir avec les autres. Il pourra développer le sentiment d'être important et apprécié par des personnes qui ont de la valeur pour lui et qui le respectent.
- **Développer un sentiment d'être capable, d'avoir des capacités et des compétences, de pouvoir être efficace dans certaines de ses actions**. L'enfant acquiert un sentiment de fierté personnelle que lui apporte l'expérience du succès, ce qui le conduit à se sentir capable, et donc lui donne la volonté de prendre des risques, pour exprimer ses opinions et ses idées autant que pour assumer ses actes.
- **Développer le sentiment que l'on a des buts et des responsabilités dans la vie**, qui vont donner sens au fait de vivre. L'enfant va prendre conscience qu'il est capable d'avoir des buts réalistes et accessibles, il va pouvoir mettre en place des plans pour les atteindre, pour

accomplir ce qu'il a décidé. Il apprend la responsabilité personnelle et l'autodiscipline.

Nous allons voir en détail et de manière pratique comment développer ces sentiments positifs chez l'enfant et l'adolescent.

CHAPITRE 3

DÉVELOPPER UN SENTIMENT DE SÉCURITÉ PHYSIQUE, ÉMOTIONNELLE ET MENTALE

Au programme

- La sécurité physique
- La sécurité émotionnelle
- La santé mentale
- À l'inverse de la sécurité : la maltraitance
- Ce que peut apporter un sentiment de sécurité à l'enfant et à l'adolescent

Développer et entretenir chez l'enfant un sentiment de sécurité sera la base essentielle sur laquelle pourront se construire les autres éléments de son estime de soi. Selon Maslow, le célèbre créateur de la pyramide des besoins humains, seul un enfant qui se sent en sécurité peut grandir et aller de l'avant d'une manière saine. Inversement, pour l'enfant comme pour l'adolescent, une vie faite de chaos et d'anxiété peut créer de sévères problèmes psychologiques et empêcher le développement d'une bonne estime de soi.

On constate d'ailleurs souvent à l'âge adulte les effets destructeurs et les traumatismes liés au manque de sécurité dans l'enfance.

Pistes pratiques pour développer un sentiment de sécurité chez l'enfant et l'adolescent
Pour qu'il se sente en sécurité physique : • répondre à ses besoins vitaux ; • lui assurer la sécurité corporelle ; • donner de l'importance au toucher ; • le faire vivre dans un environnement stable ; • lui fixer un cadre, une structure. Pour qu'il se sente en sécurité émotionnelle : • répondre à ses besoins émotionnels et affectifs ; • répondre à ses besoins sociaux ; • reconnaître ses émotions ; • être entouré d'adultes émotionnellement stables ; • reconnaître la réalité ; • envoyer des signes de reconnaissance clairs ; • éviter les demandes impossibles ou trop difficiles ; • éviter tout comportement destructeur de la personnalité. Pour qu'il se sente en sécurité mentale : • répondre à ses besoins mentaux ; • fixer un cadre de vie ayant des règles compréhensibles ; • éviter les contradictions entre langage verbal et non verbal ; • lui rendre le monde adulte progressivement cohérent et explicable.
Ce qu'un sentiment de sécurité peut apporter à l'enfant et à l'adolescent
• Un sentiment de plaisir. • Un sentiment de confiance. • Un sentiment d'être capable de prendre des risques. • Un sentiment d'assurance personnelle.

La sécurité physique

La nécessité de base d'un enfant nouveau-né, c'est la satisfaction de ses besoins physiologiques primaires. C'est également lui donner le sentiment que son environnement, qui peut lui apparaître comme hostile et agressif après le ventre maternel, est un environnement sûr.

Ce besoin de sécurité physique est très archaïque chez l'être humain, et il n'est pas limité à la petite enfance. Paradoxalement, l'adolescent en aura également besoin pour lui permettre de prendre son envol. Et l'adulte mettra souvent en place des conduites complexes qui prennent racine dans ce besoin de sécurité : achat d'une grosse voiture, haie autour de son jardin, accumulation d'argent...

Pistes pratiques pour développer et entretenir la sécurité physique

- **Répondre à ses besoins vitaux.** Pour le petit enfant, manger, dormir, être lavé, caressé, protégé est essentiel et vital. Ces besoins vont évoluer et varier au fur et à mesure que l'enfant grandit.
- **Lui assurer la sécurité corporelle.** Il s'agira pour le parent de minimiser pour l'enfant les risques de blessures corporelles, dans son enthousiasme à découvrir le monde – sans le surprotéger !

La tentation du parent sera souvent de surprotéger son enfant. Par exemple, on le mettra dans un parc toute la journée, sous prétexte de le protéger : mais l'enfant a naturellement besoin de bouger, de jouer et de découvrir, pas de rester enfermé. Un enfant surprotégé, grandissant dans un cadre étroit de règles de sécurité imposées, aura du mal à se prendre progressivement en main et à construire son estime de soi. Plus tard, il sera souvent anxieux.

- **Donner de l'importance au toucher.** Il semble maintenant reconnu que le toucher est essentiel pour le bon développement de l'enfant, aussi bien pour son développement physique et sa bonne santé, que pour son développement affectif et même son développement cérébral et intellectuel. Ceci est d'ailleurs connu intuitivement et naturellement dans certaines traditions africaines ou asiatiques. Les enfants qui sont élevés avec une pauvre expérience du toucher (de leur père, de leur mère, d'un adulte qui s'occupe d'eux) transportent souvent une douleur profonde, un manque, un vide qui ne disparaît jamais totalement.

- **Le faire vivre dans un environnement stable.** Il est difficile pour l'enfant d'avoir un sentiment de sécurité s'il vit en permanence dans le changement. Il a besoin de rites, de routines (par exemple sur la nourriture, le sommeil, les sorties) qui le sécuriseront. Dans la mesure du possible on évitera, surtout dans la toute petite enfance, les changements tels que : nounou, crèche, lieu de vie, changement d'adultes qui s'occupent de l'enfant, en particulier dans le cadre de familles monoparentales.
- **Lui fixer un cadre, une structure.** Un enfant a besoin pour grandir de se sentir en sécurité à l'intérieur de structures appropriées. Cette structure doit comporter des règles, aussi claires que possibles, sur ce qui est acceptable et permis, sur ce qui est négociable et sur ce qui est non négociable. Par exemple, on fera comprendre à l'enfant les règles de comportement, les horaires, les lieux interdits ou ceux où la présence du parent est indispensable (cuisine avec un four allumé, rue, etc.).

  Ce cadre et ces règles mettent en jeu l'autorité du parent[1]. Bien entendu, ce cadre devra évoluer en même temps que va grandir l'enfant.

  À partir d'un certain âge, il est important que les règles soient décidées ensemble, entre parent et enfant.

Il faut bien comprendre que les enfants – et même les adolescents – ne désirent pas une liberté totale. Les enfants ont besoin de limites, et se sentent angoissés en leur absence. Ils doivent savoir qu'il y a quelqu'un aux commandes, et qui fait attention à eux. Les parents permissifs ont tendance à produire des enfants hautement anxieux.

Chez l'adolescent, malgré son rejet apparent de toute contrainte liée à sa sécurité physique, on trouvera encore ce besoin profond

1. Sur l'autorité parentale, on pourra se référer à *J'aide mon enfant à bien vivre l'autorité*, du même auteur, chez le même éditeur.

de cadre et de sécurité (souvent symbolisés par sa chambre), qui lui permettra de se « réfugier » en cas de besoin. Le cadre et les règles familiales lui permettront d'évaluer ses actes et ses conduites en rapport avec ce cadre – même s'il s'y oppose.

La sécurité émotionnelle

Les émotions comptent énormément dans la vie d'un enfant, autant ses propres émotions que celles qu'il ressent venant des autres personnes qui l'entourent. Créer un environnement émotionnellement sûr autour de lui est d'une importance cruciale pour la construction de son estime de soi.

Pistes pratiques pour développer et entretenir la sécurité émotionnelle

- **Répondre à ses besoins émotionnels et affectifs.** Cela pourra se faire à travers les contacts physiques d'affection, les encouragements, la valorisation de ses actes, le fait d'être reconnu comme garçon ou fille, le fait de rire et de s'amuser ensemble, la complicité...

Un enfant a un besoin essentiel d'un *regard positif* que l'on pose sur lui, sur sa personnalité. Pourtant, très fréquemment, à la place de ce regard positif, beaucoup d'enfants sont sujets à des critiques permanentes dans leur famille ou à l'école, en particulier pour réussir dans leurs études ou pour « bien se conduire ».

- **Répondre à ses besoins sociaux.** La richesse des émotions se crée au travers de la richesse des rencontres, en étant en contact avec d'autres adultes et d'autres enfants, en ayant des amis des deux sexes, en vivant des expériences riches en rencontres (visites, voyages, vacances...).
- **Reconnaître ses émotions.** Reconnaître les émotions de l'enfant (ce qui ne signifie pas forcément les approuver) lui permet de développer le sentiment d'être reconnu, de se sentir visible, d'exister

pour les autres. Par exemple : « *Tu es en colère parce que ta sœur t'a pris ton jouet, d'accord. Mais je te rappelle que l'on ne mord pas.* » En nommant les émotions, on permet à l'enfant de passer de l'émotion à la réflexion.

- **Être entouré d'adultes émotionnellement stables.** Cela signifie avoir des parents dont la vie émotionnelle n'est pas soumise en permanence à des variations incompréhensibles par l'enfant. Par exemple, avoir un parent qui passe sans arrêt et sans raison claire de l'exubérance aux larmes ou à la colère déstabilise l'enfant.
- **Reconnaître la réalité.** Cela signifie de ne pas faire « comme si cela n'existait pas » : le frère handicapé, le père alcoolique, la mère malade, Mamie qui vient de mourir.
- **Envoyer des « signes de reconnaissance » clairs.** Nous verrons au chapitre 13 comment le parent et l'adulte peuvent amener l'enfant à structurer sa personnalité – ou la détruire – à travers des « signes de reconnaissance », c'est-à-dire des réponses aux actions de l'enfant.
- **Éviter des demandes impossibles ou trop difficiles à tenir.** Si l'enfant subit une pression constante de ses parents, par exemple pour avoir un comportement social imposé ou pour bien réussir à l'école (dans la voie que les parents ont choisie), sa personnalité ne se sentira jamais en sécurité émotionnelle, il aura toujours peur de mal faire.

L'enfant, dans son désir de se conformer aux attentes irréalistes de ses parents, risque d'avoir un sentiment permanent de crainte, qui induira un stress permanent. On rencontre ainsi de plus en plus d'enfants qui souffrent d'ulcère d'estomac, d'insomnie, d'anxiété et de dépression. Certains comportements de parents qui « coachent » leur enfant comme un sportif de haut niveau relèvent de la maltraitance, sans pour autant qu'ils en aient conscience.

- **Éviter tout comportement destructeur de la personnalité.** C'est-à-dire que la personnalité de l'enfant ne soit mise en danger par des moqueries, de l'humiliation, des échecs répétés, du rejet ou de la violence (verbale ou physique). Lorsque l'enfant est confronté en permanence à de tels comportements, la perte de confiance en soi risque d'être rapide, et l'estime de soi aura bien du mal à se construire.

L'humiliation d'un enfant peut prendre de très nombreuses formes, allant de la négation systématique de tout ce qu'il dit ou fait (« *Comment ? Tu ne sais pas encore faire ça ? Moi, à ton âge...* »), jusqu'à des agressions physiques brutales. Lorsqu'il est ainsi rejeté, l'enfant ne comprend pas pourquoi mais, faisant confiance à l'adulte, il va considérer que c'est lui, l'enfant, qui est en faute. Le sentiment original de bonheur, d'harmonie et d'unité du petit enfant est alors progressivement remplacé par la crainte, la culpabilité, le sentiment d'être incapable. Cette violence et cette humiliation laisseront forcément des traces, en particulier dans la construction de son estime de soi, traces dont l'enfant ne se remettra jamais vraiment. Il a été montré que 70 % des enfants qui ont vécu ce type de comportement agressif, destructeur ou d'humiliation vont le répéter avec leurs propres enfants, lorsqu'ils seront eux-mêmes parents.

La santé mentale

L'enfant va grandir et se développer dans un environnement où son mental va être sollicité et mis en action dès sa naissance. Il va lui falloir comprendre et structurer tout ce qui lui arrive, toutes les interactions qu'il va vivre, tout ce qui va passer à la portée de ses sens et de son cerveau.

Pour lui permettre le développement d'une bonne santé mentale, dans son enfance comme dans son adolescence, il faut que le monde des adultes qui l'entoure soit, sur le plan mental, cohérent et sécurisant.

Pistes pratiques pour développer et entretenir la sécurité mentale

- **Répondre à ses besoins mentaux.** En particulier :
  - Soutenir son envie d'apprendre – et pas uniquement ce qui lui est imposé à l'école.
  - Le stimuler sur tous les plans sensoriels, à travers le toucher, le visuel, l'auditif, le goût, l'odorat.
  - Le laisser découvrir, essayer, expérimenter, sans vouloir faire à sa place ou le surprotéger.
  - Stimuler sa créativité, sous des formes aussi diverses que possibles : musique, arts plastiques, jeux créatifs, théâtre, etc.

Stimuler la créativité d'un enfant ne s'arrête pas lorsque l'enfant quitte la maternelle : cela devrait se poursuivre toute l'enfance, toute l'adolescence – et toute la vie. L'école, cela a été souvent souligné, ne stimule pas (ou bien peu) la créativité de l'enfant ou du jeune, laissant cela aux activités extrascolaires. C'est essentiellement le choix d'un système éducatif : certains systèmes (comme en Finlande ou en Corée du Sud) encouragent les activités créatives, en particulier l'après-midi, d'autres non – comme en France.

- **Fixer un cadre de vie ayant des règles compréhensibles.** Que les règles qui fixent le cadre de vie de l'enfant soient compréhensibles à son niveau, qu'elles aient une signification, et qu'elles soient justes. Cela signifie par exemple :
  - de ne pas être grondé ou sanctionné aujourd'hui pour un comportement qui a été ignoré ou même récompensé la veille ;
  - de ne pas devoir obéir à des règles qui changent en permanence : des heures de coucher variables et aléatoires, des règles de sécu-

rité modifiables sans préavis (hier il pouvait traverser la rue tout seul, aujourd'hui c'est interdit), etc. ;

- d'avoir autour de lui des parents qui pratiquent ce qu'ils disent ; qui peuvent reconnaître qu'ils ont fait des erreurs et s'excuser.

- **Éviter les contradictions entre langage verbal et non verbal du parent.** Par exemple : « *Pierre, arrête de crier !* », crie la mère. Que doit comprendre l'enfant : qu'il est bien de crier (langage non verbal) ou de ne pas crier (langage verbal) ? Ou bien : la mère couvre son enfant de baisers en parlant dans son téléphone portable. L'enfant doit-il y comprendre de l'attention (les baisers) ou du désintérêt (le téléphone) de la part de sa mère ?
- **Lui rendre le monde adulte progressivement cohérent et explicable.**
  - Prendre le temps d'expliquer à l'enfant tout ce qui arrive à sa portée, répondre à ses « *Pourquoi ?* » sans moqueries ou faux-fuyants.
  - Éviter de laisser l'enfant seul devant certaines émissions de télévision, qui transmettent l'image d'un monde pouvant lui apparaître comme incompréhensible et terrifiant.

Si le monde apparaît à l'enfant comme impossible à comprendre, l'enfant pourra rejeter sur lui-même la responsabilité de cette incompréhension : c'est de sa faute s'il ne comprend rien, il est stupide, incapable. Cela rendra très difficile le développement de son estime de soi.

À l'inverse de la sécurité : la maltraitance

Permettre à l'enfant de vivre dans un environnement physique, émotionnel et mental sûr lui donne un cadre dans lequel il va pouvoir grandir à peu près harmonieusement.

Il y a pourtant des croyances selon lesquelles il faut éviter d'élever un enfant « dans un cocon », qu'il faut lui faire comprendre dès la petite enfance que la vie est dure, avec brutalité s'il le faut – en justifiant ce comportement avec l'argument définitif : « *Je n'en suis pas mort.* »

C'est un contresens. Créer un environnement sûr autour de l'enfant (qui ne signifie ni le surprotéger, ni lui laisser faire tout ce qu'il veut, nous l'avons vu) ne va pas l'affaiblir, mais au contraire lui donner des racines, qui le rendront plus fort pour vivre les difficultés que la vie lui présentera.

Empêcher l'enfant de grandir dans un environnement sûr peut devenir de la maltraitance. La maltraitance d'un enfant au sens où on l'entend habituellement, qu'elle soit physique ou sexuelle, est bien entendu interdite par la loi – et catastrophique pour le développement de l'estime de soi, cela est largement reconnu. À la lumière des éléments qui ont été décrits plus haut, on pourrait considérer certains autres comportements du parent comme relevant de la maltraitance, et qui pourront poser également des obstacles sévères au développement de l'estime de soi de l'enfant.

Par exemple, on peut considérer que le parent maltraite son enfant lorsque :

- il lui répète sans arrêt que ce qu'il fait n'est pas bien ;
- il lui inflige une correction lorsqu'il exprime des sentiments considérés comme inacceptables ;
- il l'humilie ou le ridiculise ;
- il essaye de contrôler l'enfant par la honte et la culpabilité ;
- il surprotège l'enfant et, en conséquence, empêche une vie normale et accroît sa dépendance ;
- il sous-protège l'enfant et développe chez lui de l'anxiété ;
- il élève l'enfant sans aucune règle, sans structures et sans cadre ; ou bien les règles sont contradictoires, déroutantes, imprécises, oppressives ;
- il dénie la perception de l'enfant de la réalité en lui disant volontairement des choses fausses, et encourage implicitement l'enfant à douter de son esprit ;

- il terrorise l'enfant avec de la violence physique ou en l'en menaçant, instillant ainsi la crainte de penser, d'agir, d'avoir des sentiments ;
- il enseigne à l'enfant qu'il est mauvais, sans valeur.

Ce que peut apporter un sentiment de sécurité à l'enfant et à l'adolescent

L'enfant qui vit dans un climat de sécurité (physique, émotionnelle et mentale) peut développer des attitudes, des comportements et des sentiments qui vont aider son estime de soi à se développer. En voici quelques-uns.

- **Un sentiment de plaisir**

Lorsque l'enfant se sent en sécurité, il peut naturellement tirer profit des plaisirs que lui offre la vie :

  - le plaisir du toucher, du jeu, du mouvement ;
  - le plaisir d'utiliser tous ses sens, avec la musique, les images, les goûts, les odeurs ;
  - le plaisir de vivre avec d'autres ;
  - le plaisir d'apprendre et de découvrir, le plaisir d'expérimenter ;
  - le plaisir d'être reconnu et aimé.

Tous ces plaisirs sont importants pour bâtir l'estime de soi. Quelqu'un qui vit du plaisir dans sa petite enfance pourra toujours revenir à cette expérience intime de contentement dans les moments plus difficiles de sa vie.

- **Un sentiment de confiance**

Le sentiment de confiance que va expérimenter l'enfant est également une conséquence essentielle d'un environnement sûr : confiance dans ses capacités, confiance dans le monde qu'il découvre et dans lequel il s'intègre progressivement, confiance dans les adultes qui l'entourent. Ce sentiment de confiance lui permettra de vivre un sentiment de sécurité intérieure qui sera propice à la construction d'une bonne estime de soi.

Les recherches ont montré que les petits enfants qui se sentent en sécurité dans leurs relations avec leurs parents sont plus indépendants, réagissent mieux aux séparations, et ont une plus grande confiance en eux-mêmes lorsqu'ils entrent à l'école.

À l'adolescence, ce sentiment de confiance envers le parent sera tout aussi essentiel à entretenir : entré dans un processus permanent de changement, l'adolescent risque de perdre ses repères, sa confiance en lui-même et dans les autres. Savoir que l'adulte est présent, qu'il peut compter sur lui et lui faire confiance, qu'il est fiable, sera alors très important pour lui.

- **Un sentiment d'être capable de prendre des risques**

Un sentiment de sécurité (là encore, sur les plans physique, émotionnel comme mental) est essentiel pour un moteur de l'évolution de l'enfant : la prise de risques. S'il se sent en sécurité, l'enfant pourra se lancer à la découverte du monde, explorer de nouveaux endroits, expérimenter de nouveaux comportements – ce qui nécessite une prise de risques.

Ceci sera tout aussi vrai ensuite à l'école pour apprendre : en classe, un enfant n'acceptera de se mettre en avant, d'aller volontairement au tableau que s'il est sûr qu'aucun jugement ou qu'aucune moquerie, de la part de l'enseignant ou de ses camarades, ne sera la sanction d'erreurs qu'il pourrait faire.

- **Un sentiment d'assurance personnelle**

L'enfant qui se sent vivre dans un environnement sûr gardera la confiance en soi qu'il a dès la naissance, et la transformera ainsi en de l'assurance personnelle. Il pourra progressivement se confronter aux changements auxquels il va être exposé, et pourra s'en débrouiller sans trop de difficultés. Il osera aller de l'avant, et affronter l'inconnu.

CHAPITRE 4

DÉVELOPPER UN SENTIMENT D'INDIVIDUALITÉ ET D'IDENTITÉ

Au programme

- Pistes pratiques pour développer un sentiment d'identité
- Ce que peut apporter un sentiment d'identité à l'enfant et à l'adolescent

Lorsque la sécurité est construite, l'enfant peut développer un sentiment d'individualité et d'identité. Il va progressivement avoir une idée plus précise et réaliste de ses caractéristiques physiques, de ses intérêts, de son rôle, de ses attributs, etc. Cela lui permettra de s'accepter lui-même.

Pistes pratiques pour développer un sentiment d'individualité et d'identité chez l'enfant et l'adolescent
• Accepter l'enfant tel qu'il est. • Témoigner du respect à l'enfant, comme à tout être humain. • Accepter les sentiments et les émotions de l'enfant. • Aider l'enfant à s'aimer et à s'accepter tel qu'il est.
Ce qu'un sentiment d'individualité et d'identité peut apporter à l'enfant et à l'adolescent
• Se sentir aimable, se sentir capable d'être aimé. • Être capable de se respecter et de respecter les autres. • Ressentir un sentiment de paix intérieure.

Pistes pratiques pour développer un sentiment d'identité

- **Accepter l'enfant tel qu'il est.** Même si cela n'est pas clairement perçu par le parent, celui-ci aura toujours une vue idéale de son enfant. Et l'enfant est toujours différent de cette attente, bien entendu, et une source potentielle de déception : c'est un garçon plutôt qu'une fille ; il préfère la musique à la grammaire ; il adore faire du théâtre mais a de mauvaises notes à l'école ; il déteste aller à la pêche le dimanche à 5 heures du matin (ce que son père adore) ; etc.

Pour le parent, il s'agira de passer de l'enfant rêvé à l'enfant réel, ce qui n'est pas toujours facile. Car le parent aura souvent la tentation de forcer l'enfant à se conformer à cette image idéale. Dans ce cas, il y a danger que l'enfant ne se sente jamais à la hauteur – avec des répercussions, à vie, sur son estime de soi. Le parent qui accepte son enfant tel qu'il est lui rend un immense service. Voici quelques pistes pour montrer à l'enfant qu'il est accepté :

- **Le traiter comme une personne à part entière.** C'est une fille, et elle est rousse aux yeux verts, et elle a tels talents et telles qualités, et elle a telles caractéristiques physiques, et elle a telles émotions, et elle a tels défauts si agaçants, etc. Tout cela forme *mon* enfant ;
- **Accueillir autant ses faiblesses que ses forces.** Ce qui ne signifie pas que l'on reste passif face à ses défauts ! Et s'il y a faiblesses, le parent aura tout intérêt à s'appuyer sur les *forces* de l'enfant pour l'aider à surmonter ses faiblesses – comme le fera l'enseignant à l'école ;
- **Faire attention à son enfant, être à son écoute.** L'indifférence tue plus radicalement que la violence ! Il s'agit pour le parent de découvrir la façon dont l'enfant exprime ses besoins, sa peine, sa colère, son plaisir, son désir, son amour. Cela nécessite une véritable attention, une capacité d'écoute et de décodage, surtout avec les tout-petits ;
- **Que l'enfant se sente compris.** Être écouté par le parent, c'est bien ; être reconnu dans ses sentiments, dans ses goûts, dans ses désirs et dans ses idées, c'est encore mieux.
- **Témoigner du respect à l'enfant, comme à tout être humain.** Pour cela, voici quelques pistes.
  - **Ne pas utiliser la violence, l'humiliation ou le ridicule** pour le contrôler et le manipuler ;
  - **Prendre en compte ses besoins et ses désirs avec sérieux, même si on n'y répond pas.** Par exemple : « *Je comprends que tu veuilles*

que je t'achète ce pantalon de marque pour faire comme tes copines, mais je ne veux pas dépenser 150 euros pour ça. »

- **Accepter de négocier certaines règles familiales** à l'intérieur d'un cadre. Par exemple : « *OK pour que tu regardes ce film sur Internet ce soir, mais à condition que tu sois levé demain à 8 heures pour faire ton travail du week-end.* »
- **Accepter les besoins spécifiques de l'enfant ou de l'adolescent :** par exemple, certains auront besoin d'autonomie, d'autres d'être soutenus dans leurs efforts, certains apprécieront la solitude, d'autres ne seront bien qu'avec d'autres, etc. Ces besoins pourront être complètement différents d'un enfant à l'autre.

L'adolescent, tout particulièrement, aura des besoins spécifiques qu'il faudra, pour le parent, reconnaître et accepter : se séparer de ses parents, s'affirmer, devenir autonome, tout en se sentant aimé, apprécié, écouté, compris, respecté.

Et certains besoins de l'enfance vont évoluer à l'adolescence : au plaisir d'être touché et câliné du petit enfant va se substituer, à la puberté, une distance physique entre l'enfant et le parent. Il s'agira pour le parent de trouver d'autres moyens pour exprimer son affection à son enfant.

- **S'adresser à l'enfant avec la courtoisie que nous utilisons normalement envers les adultes**. Exemple : l'enfant renverse son verre. On imagine mal dire à un adulte : « *Oh, quel maladroit, tu ne peux pas faire attention ?* » Ainsi on pourrait dire à l'enfant : « *Tu as renversé ton verre, prends une éponge s'il te plaît à la cuisine pour éponger l'eau qui s'est renversée.* » Les mots « *s'il te plaît* » et « *merci* » sont des mots qui reconnaissent la dignité.

Le respect envers l'enfant aide le parent à se concentrer sur le positif plutôt que sur le négatif. Avant de dire à l'enfant qu'il est stupide, paresseux ou mauvais, ou bien que vous êtes déçu, posez-vous la question : « *Est-ce que je veux que mon enfant devienne ce que je dis ?* »

- **Accepter les émotions et les sentiments de l'enfant.** On ne peut pas vivre sans émotions ni sentiments, qu'ils soient positifs ou négatifs. S'ils sont en permanence cachés ou interdits d'expression, la vie perd de sa richesse. Bien vivre un sentiment de tristesse, lors d'un deuil par exemple, est tout aussi important que vivre de la joie, du plaisir ou de l'amour.

  Si l'on ne cesse de répéter à un enfant d'une manière permanente qu'il ne doit pas penser ceci ou cela, qu'il ne doit pas ressentir tel sentiment ou telle émotion, il aura tendance à nier qui il est, c'est-à-dire son identité : « *Arrête de pleurer ! Un garçon, ça ne pleure pas !* », « *Pourquoi es-tu en colère ? Il ne faut pas* », « *N'aie pas peur, voyons !* », etc.

  Si des expressions normales d'énervement, de colère, de bonheur, de sexualité, de crainte sont traitées comme inacceptables, ou présentées comme un mal ou un péché, l'enfant aura tendance à rejeter ce qu'il est afin d'être aimé, pour éviter la terreur de l'abandon.

  Ainsi, il est important de valider ou d'accepter les émotions que les jeunes enfants ressentent (la joie, la peine, la colère, la peur, le plaisir, l'anxiété, la tristesse). Cette acceptation ou validation parentale peut se faire :

  – en réagissant rapidement : je le console, je le protège, je ris avec lui ;

  – en verbalisant son émotion : « *Je vois que tu es triste* », « *Je vois que cela te fait plaisir* » ;

  – en encourageant l'expression de ses sentiments : « *Tu as le droit de ne pas être content* », « *C'est vrai que c'est drôle !* » ;

  – en acceptant l'émotion, même si l'on n'accepte pas le comportement : « *Même si tu es fâché, je ne veux pas que tu frappes ta sœur* ».

On peut ainsi apprendre à l'enfant à respecter ses sentiments et ses émotions, tout en le rendant conscient qu'il n'est pas souhaitable d'en être esclave.

Il a été remarqué que des parents émotionnellement inhibés ont tendance à produire des enfants inhibés. On trouve souvent, derrière cette inhibition, des principes religieux ou sociaux : « *C'est un péché de ressentir cela* » ; « *Cela ne se fait pas* ».

Outre la famille, l'école est un lieu où les émotions de l'enfant ne sont en général pas les bienvenues. Pourtant, si l'enseignant peut créer dans sa classe une atmosphère émotionnellement riche, où les émotions et les sentiments des élèves sont admis et respectés, l'apprentissage se passera sans doute beaucoup mieux.

- **Aider l'enfant à se connaître.** La conscience de ce que l'on est, la certitude d'être un individu à part entière qui a le droit de vivre pleinement sa vie est l'un des éléments clés de l'estime de soi. Pour développer cette conscience de soi, il faut aider l'enfant à se connaître. Cela peut se faire de différentes manières :
  - **en lui parlant régulièrement de ses forces, de ses qualités, de ses faiblesses, de ses caractéristiques et de ses défauts** – en voyant plutôt les qualités que les défauts – et en étant bien conscient que ces forces et ces faiblesses sont en continuel développement ;
  - **en lui envoyant régulièrement des « signes de reconnaissance »** : ce sont nos réactions à ses actes. Nous détaillerons au chapitre 13 comment peuvent être envoyés à l'enfant ces signes de reconnaissance ;
  - **en l'aidant à prendre conscience de ses états, de ses émotions et de ses sentiments, sans jugement moral**. L'enfant (comme parfois également l'adulte) aura tendance à être esclave de ses états intérieurs : il sera entièrement dans son plaisir, son excitation, sa colère, sa rancune ou son amour. Prendre conscience de son état (*« Je suis fatigué » ; « Je suis en colère »*) permet d'établir une certaine distance avec lui, et permet d'envisager une action pour en changer. Et l'on pourra faire prendre conscience à l'enfant que certaines actions simples peuvent l'aider à changer son état du moment : par exemple, lorsqu'un enfant est énervé ou en colère, le fait de marcher, d'écouter de la musique ou de faire du sport permettra de modifier son état ;
  - **en lui montrant les progrès réalisés, au fur et à mesure qu'il grandit.** Cela doit se faire d'une manière équilibrée et honnête : l'enfant – et encore plus l'adolescent – sent très bien lorsqu'un compliment est exagéré.

- **Aider l'enfant à s'aimer et à s'accepter tel qu'il est.** Aimer son enfant et l'accepter tel qu'il est, c'est important. Mais l'aider également à s'accepter et à s'aimer lui-même, tel qu'il est, est tout aussi important. Sans l'acceptation de soi-même, l'estime de soi est impossible.

  S'accepter soi-même, c'est refuser d'être un adversaire pour soi, c'est être de son côté. C'est une sorte d'égoïsme naturel, qui est le droit fondamental d'être et de vivre. Lorsqu'un enfant se rejette lui-même, il lui est très difficile de grandir harmonieusement et d'avancer dans la vie.

  Voici quelques pistes pour aider l'enfant à s'accepter tel qu'il est et à s'aimer tel qu'il est :

  - **Aider l'enfant à être fier de son sexe.** L'identité sexuelle est centrale dans le développement d'une bonne estime de soi.
  - **Éviter les comparaisons au détriment de l'enfant**. Comparaisons avec ses parents, avec ses frères et sœurs, avec ses camarades, etc.
  - **Aider l'enfant à s'aimer lorsqu'il fait face à des difficultés.** Certains enfants n'agissent que lorsqu'ils sont certains de réussir. Ils ont peur d'être jugés (et de se juger eux-mêmes) en cas d'échec. Si nous aidons l'enfant à surmonter des difficultés et à les analyser, nous l'aidons à accepter ses actes – l'une des clés de l'estime de soi.
  - **Encourager l'enfant à avoir une vue positive de lui-même.** L'enfant – puis particulièrement l'adolescent – aura tendance à porter un regard critique sur lui-même, pour nourrir un monologue intérieur peuplé d'auto-jugements positifs ou négatifs : « *Ouaouh, je suis le meilleur !* » ; « *Bof, je suis moche !* ». C'est par ce monologue intérieur qu'il alimentera son estime de soi ou, au contraire, la dépréciera. Dans ce monologue intérieur, il sera très influencé par ce qu'il reçoit des personnes qui sont significatives à ses yeux, parents et enseignants en particulier. Pour le parent ou l'enseignant, il s'agira de ne pas rentrer dans son jeu lorsqu'il déclare « *Je suis nul* », « *Je n'y arriverai jamais* », mais plutôt de l'aider à voir le côté positif des choses. Et bien entendu d'éviter de lui dire « qu'il est nul » ou « qu'il n'y arrivera jamais »...

- **Aider l'enfant à se projeter positivement dans l'avenir.** Il s'agit de lui parler de son avenir avec optimisme, en mettant l'accent sur ses forces qui vont l'aider à faire face aux difficultés. Le parent a souvent une démarche inverse : « *Travaille si tu ne veux pas devenir chômeur !* » Belle vision de l'avenir...

Pour l'adolescent, accepter de s'aimer soi-même est souvent une phase difficile : il n'est jamais tel qu'il voudrait être. Les transformations physiques qui surviennent vont brouiller l'image qu'il avait de lui-même. Et il découvre qu'il doit faire face à plusieurs nouveaux rôles sociaux : conquérir son indépendance financière, découvrir la sexualité, orienter ses études, choisir un métier, se projeter dans l'avenir.

Il va traverser des stades de malaise et de mal-être ; il va essayer de se positionner, parfois maladroitement, par rapport aux adultes ; il va résister, se rebeller, tenter des mises à l'épreuve de soi par l'excès. À travers toutes ces ruptures et ces difficultés de chrysalide se transformant en papillon, il ne sera pas toujours simple au parent de l'aider – à la bonne distance – à développer cet amour de soi. C'est pourtant une phase cruciale : nous savons bien que beaucoup d'adultes n'ont jamais acquis cet amour de soi-même, pour leur malheur et pour celui des personnes qui les côtoient tout au long de leur vie.

La pression culturelle de l'apparence

Il « faut » être ce que l'on pense que les autres vont vouloir. Ceci est particulièrement vrai pour les adolescentes : à partir d'environ 8 ans, la vision que les filles ont de leur apparence physique s'effondre littéralement, alors que celle des garçons reste plutôt stable. La pression culturelle des femmes sur leur apparence physique est considérable. Et l'estime de soi en pâtit.

Ce que peut apporter un sentiment d'identité à l'enfant et à l'adolescent

Un sentiment d'identité pourra avoir sur l'enfant un certain nombre de répercussions positives.

- **Se sentir aimable, se sentir capable d'être aimé.** Un enfant qui est accepté et traité avec amour pourra intérioriser ce sentiment d'amour et découvrir par lui-même qu'il est digne d'amour, qu'il peut être aimé, que quelqu'un en dehors de sa famille, un jour, pourra l'aimer.
- **Se respecter et respecter les autres.** Lorsque l'enfant a développé, grâce à ses parents et aux adultes qui l'entourent, un vrai sentiment d'individualité et d'identité, lorsqu'il connaît sa vraie valeur avec ses forces et ses faiblesses, lorsqu'il sait s'apprécier lui-même à son juste niveau, il va pouvoir transférer ce sentiment aux autres : il saura également reconnaître leurs valeurs, il les respectera dans leur identité propre. La découverte des talents qui sont en lui va lui permettre d'accepter les talents chez les autres. Son unité intérieure va lui permettre de s'ouvrir à la diversité.

Au vu de la difficulté d'un grand nombre d'adultes à accepter et à respecter la diversité des autres, avec les innombrables problèmes qui y sont liés, on prend ainsi conscience de l'importance cruciale de développer, dès l'enfance, ce sentiment très particulier d'acceptation de soi qui nous permet d'accepter les autres dans leur diversité.

- **Ressentir une paix intérieure.** Les contradictions entre la manière dont l'enfant se ressent et ce qu'il voudrait être (ou ce que les adultes voudraient qu'il soit) peut générer chez l'enfant beaucoup de tensions, d'anxiété et de stress. Pour l'enfant (comme ensuite pour l'adulte qu'il deviendra), s'accepter tel qu'il est permet d'éviter les conflits internes et de ressentir une certaine paix intérieure – d'être en paix avec soi-même.

  Cette paix intérieure est rarement permanente et nécessitera que le parent aide l'enfant lorsqu'il sera confronté à des situations de stress, qui pourront être de différents ordres : conflits émotionnels intérieurs, tensions entre frères et sœurs, conflit dans le couple de ses parents, relations avec les enfants de son âge – sans compter tous les stress liés à l'école, en classe comme à l'extérieur de la classe (rejet, violence, racket, etc.).

Établir une paix intérieure chez l'adolescent sera souvent encore plus difficile, tant les causes de stress peuvent être surabondantes à cet âge de la vie. C'est sans doute dans la *prise de conscience* des causes de stress venant de l'école, de la famille, de la société et de lui-même que l'adolescent pourra vivre régulièrement ce sentiment de paix intérieure. Au parent de l'aider à cela, en lui faisant prendre conscience de ce qui « lui met la pression » et cause chez lui des tensions : « *Tu es inquiet pour ton prochain contrôle de maths ?* » ; « *Tu ne vois plus Mourad ? C'est dur à vivre ?* » ; « *On s'est un peu disputé avec ta mère, l'autre jour. Cela peut arriver chez tous les parents, tu sais, ce n'est pas la fin du monde. Nous en avons parlé plus calmement ensuite, et c'est réglé* ».

La paix intérieure que pourra ressentir l'enfant ou l'adolescent sera bien entendu en rapport avec la paix intérieure que vivent ses parents : si un parent vit quelque chose de très difficile, sur le plan personnel ou sur le plan professionnel, l'enfant en prendra en général conscience et sa paix intérieure s'en ressentira. Nous retrouvons là le lien étroit entre le parent et l'enfant : si l'estime de soi du parent est faible, l'enfant aura bien du mal à construire sa propre estime de soi ; si la paix intérieure du parent est faible, l'enfant aura bien du mal à ressentir cette paix en lui-même. Cela signifie que le parent doit se concevoir « en développement », tout autant que l'enfant ; que l'enfant a besoin d'adultes qui vont bien autour de lui ; que parent et enfant doivent grandir – *ensemble*.

CHAPITRE 5

DÉVELOPPER UN SENTIMENT D'AFFILIATION ET D'APPARTENANCE

Au programme

- Pistes pratiques pour développer un sentiment d'appartenance
- Ce que peut apporter un sentiment d'appartenance à l'enfant et à l'adolescent

En même temps que le sentiment de sécurité et celui d'identité, qui sont très centrés sur la personne de l'enfant, le troisième sentiment à développer chez lui, pour construire son estime de soi, est celui d'affiliation et d'appartenance.

Ce sentiment peut être développé chez l'enfant chaque fois qu'il est en relation avec d'autres : parents, frères et sœurs, membres de la famille élargie, copains de classe, amis, connaissances.

Grandir ne peut se faire que dans un contexte social qui ait du sens pour l'enfant. Il lui faut une filiation, une culture, des racines. Un enfant non acculturé, déraciné ou à la filiation peu claire aura du mal à surmonter des sentiments d'instabilité et d'abandon, et aura donc du mal à construire son estime de soi.

L'enfant, à travers ce sentiment d'affiliation et d'appartenance, va construire progressivement sa manière d'interagir avec les autres. À travers les autres, il pourra développer le sentiment d'être important et apprécié par des personnes qui ont de la valeur pour lui et qui le respectent. Il va s'ouvrir au monde et pouvoir interagir avec lui.

Chez l'adolescent, le sentiment d'appartenance sera un besoin essentiel. Il aura besoin de vivre en groupe. La qualité du groupe auquel il appartiendra décidera souvent de la qualité de son sentiment d'appartenance.

Pistes pratiques pour développer un sentiment d'affiliation et d'appartenance chez l'enfant et l'adolescent
• Aider l'enfant à être visible. • Lui apprendre son appartenance à une histoire familiale. • Favoriser la vie familiale. • Développer sa vie sociale. • Favoriser l'amitié et la coopération. • Lui apprendre à négocier et à gérer les conflits. • Le soutenir dans l'environnement scolaire.
Ce qu'un sentiment d'affiliation et d'appartenance peut apporter à l'enfant et à l'adolescent
• Le respect de soi. • L'attention aux autres. • Le plaisir des relations amicales. • La facilité à intégrer un groupe nouveau. • La capacité à travailler ensemble, à coopérer. • La capacité à tirer parti des richesses des autres.

Pistes pratiques pour développer un sentiment d'appartenance

- **Aider l'enfant à être visible.**

  Un élément particulièrement important dans le développement de l'estime de soi d'un enfant est ce que l'on appelle la *visibilité psychologique* : c'est le fait de devenir visible à soi-même et aux autres. Et cela est valable pour l'enfant comme pour l'adulte : les psychothérapeutes pour adultes rencontrent fréquemment des personnes ayant souffert, étant enfants, d'invisibilité dans leur vie de famille, cause de problèmes comportementaux et d'un sentiment d'insécurité qu'elles traînent toute leur vie.

Lorsque nous lui transmettons de l'amour, de l'appréciation, de l'empathie, de l'acceptation, du respect, nous permettons à l'enfant d'être visible ; lorsque nous relevons ses comportements, réagissons à ses actes, l'aidons à surmonter les difficultés, nous lui permettons

d'être visible. Il ressent un lien entre lui-même et le monde extérieur. Il a le sentiment de vivre dans la même réalité que les personnes qui l'entourent. En revanche, lorsque l'enfant a le sentiment que le parent (ou tel enseignant, ou telle copine qu'il admire) ne le *voit* pas, qu'il n'existe pas à ses yeux, il éprouve un sentiment extrêmement déstabilisant qui remet en cause chez lui le fait d'exister.

Par exemple, dire à un enfant qui fait ses devoirs : « *Oh, cela n'a pas l'air facile ce que tu fais en maths* » signifie qu'il est *visible* à nos yeux dans sa position d'écolier. Si l'enfant déboule à la maison, plein de joie et d'excitation, et que sa mère lui dit : « *Oh, tu es heureux aujourd'hui !* » l'enfant se sent visible. Ou : « *Ça n'a pas l'air d'aller, est-ce que tu veux qu'on en parle ?* » signifie qu'il est visible à nos yeux dans ce qu'il peut vivre et ressentir.

Cette démarche permettant à l'enfant de se sentir visible va s'appuyer sur *l'attention* de l'adulte envers l'enfant, et sur *le temps* qu'il va lui consacrer. Donner à l'enfant des soins physiques est indispensable (nourriture, propreté, santé, etc.), mais il est tout aussi important de jouer avec lui, de parler avec lui, de le superviser dans ses jeux et ses apprentissages, de l'intégrer dans les activités de la maison (cuisine, bricolage, etc.), de réagir à ses comportements déviants, de le protéger.

Dans cette démarche d'aider l'enfant à devenir visible à ses propres yeux et aux yeux des autres, il y aura également le fait de relever régulièrement ce qu'il sait bien faire, ses compétences et ses talents : il ne s'agit pas de lui faire des compliments à tort et à travers, mais de mettre objectivement en avant ses qualités, en particulier devant les autres.

Une activité permettant à l'enfant de devenir *visible à soi-même* est proposée au chapitre 13.

- **Lui apprendre qu'il appartient à une histoire familiale.**

  C'est l'une des questions essentielles que se pose l'enfant à mesure que sa conscience se développe : « *À quoi j'appartiens ?* »

  L'enfant, comme l'adolescent, a besoin d'être en contact avec son histoire familiale, quel que soit le type de famille dans laquelle il vit : traditionnelle, monoparentale, recomposée, et quelle que soit son origine : biologique ou adopté. Ce sentiment d'appartenance à une famille lui permettra de comprendre le passé dont il est issu, et d'avancer vers l'avenir. Voici deux moyens simples permettant de développer ce sentiment d'appartenance à une histoire familiale :

  - **Réaliser et enrichir un arbre généalogique.** L'importance pour l'enfant de se situer dans une généalogie a été depuis longtemps soulignée. Sans en rester uniquement à une pyramide de noms et de prénoms, on peut rechercher des photos des ancêtres connus, découvrir les lieux où ils ont vécu (atlas), s'intéresser aux métiers qu'ils faisaient, ou bien aller interviewer des personnes qui ont connu tel ou telle ancêtre.
  - **Entretenir le cousinage.** Faire découvrir à l'enfant sa famille élargie (cousins et cousines, oncles et tantes, grands-parents) et lui permettre d'entretenir des relations avec elle lui permet de prendre conscience de sa place dans un ensemble ayant des racines communes. À défaut (ou en complément) de moments passés ensemble, cela peut se faire par courrier, e-mail, webcam, cartes postales vidéo, etc.

- **Favoriser la vie familiale.**

  La vie sociale et le sentiment d'appartenance de l'enfant vont bien entendu d'abord se développer au sein de la famille. Ensuite, si l'enfant a un sentiment de confiance et de sécurité dans ses relations familiales, il pourra plus facilement en sortir et aller vers les autres. Voici quelques pistes :

  - **Ouvrir la famille aux autres.** Il s'agit de donner à l'enfant le sentiment que sa famille est ouverte. Si les parents, à la maison, parlent positivement de leurs amis, des collègues de travail, des parents plus ou moins proches, cela fera comprendre à l'enfant qu'il y a des gens intéressants à connaître en dehors du milieu familial. Si la maison est régulièrement ouverte aux amis et à la famille élargie (oncles, tantes, cousins, cousines...), de façon positive, cela donnera envie à l'enfant d'élargir son propre réseau de relations. En revanche, si le parent critique toutes les personnes dont il parle ; s'il est de mauvaise humeur chaque fois que quelqu'un annonce sa visite ; s'il fuit toutes les occasions de sortir, l enfant apprendra à se méfier des relations extérieures.

- **Favoriser le partage familial.** Faire des choses ensemble facilite les relations sociales. Lorsque les tâches familiales sont réparties entre les membres de la famille, l'enfant apprend progressivement à prendre sa place dans une structure sociale, à y avoir des responsabilités et à y être apprécié.
- **Établir des rituels familiaux.** Les rituels familiaux sont des moments particuliers qui sortent de la routine journalière, mais qui ont le côté sécurisant et structurant de se répéter. Ils permettent de resserrer les liens à l'intérieur de la famille, et donnent l'occasion à l'enfant de tester des comportements sociaux qui pourront ensuite être transposés à l'extérieur. Ils pourront bien entendu varier selon les âges et selon la disponibilité des parents. Cela pourra être, par exemple, lorsque l'enfant est petit, une activité particulière le dimanche matin, que l'on fait tous ensemble (les parents sont disponibles) ; ou, pour un adolescent, avoir au moins un dîner en famille par semaine, où tous les membres de la famille sont présents. Faire en sorte que le dîner soit bon, long et tranquille, et que chacun puisse parler de ses activités ou de ses problèmes – sans que les parents en profitent pour donner des conseils, pontifier ou diriger.

• **Développer sa vie sociale.**

Il semble qu'il y ait un lien fort entre l'estime de soi et la capacité à créer des relations humaines de qualité. Ainsi toutes les occasions devraient être saisies ou favorisées pour permettre à l'enfant de développer des relations harmonieuses avec les autres.

Au départ, un petit enfant a besoin d'établir quelques relations très stables : ses parents, sa nounou, ses frères et sœurs. La famille et l'environnement très proche sont les premiers lieux d'apprentissage social. Mais il a aussi besoin d'établir d'autres relations variées, en particulier avec d'autres enfants : crèche, garderie, voisins, etc., tout particulièrement pour les enfants qui manquent d'occasions de ces contacts, comme les enfants uniques. Ensuite, l'école jouera un rôle majeur dans la socialisation de l'enfant.

Dans cette démarche, l'enfant pourra être aidé par le parent, pour comprendre comment fonctionnent les interactions avec les autres, et pour trouver cette alchimie permettant de créer des relations humaines enrichissantes pour les deux parties. Il va ainsi découvrir des choses très importantes :

- que certains comportements sont désirables, alors que d'autres ne le sont pas ;
- que l'on peut être aimé des autres, ou pas ;
- que l'on peut être accepté des autres, ou non ;
- qu'il peut être intéressant de donner, pour pouvoir recevoir ;
- qu'accepter l'autre peut avoir des conséquences bénéfiques ;
- que la participation à un groupe et la coopération permettent d'atteindre des buts que l'on ne peut pas atteindre tout seul ;
- et bien d'autres...

Il va également découvrir les règles explicites de la vie en société (comme : « *On ne frappe pas l'autre* ») et des règles implicites (comme : « *La vie est plus intéressante à vivre à deux plutôt que tout seul* »). Il va progressivement se construire *en relation avec les autres.*

À l'adolescence, cette ouverture aux autres va devenir vitale pour trois raisons majeures :

- L'adolescent doit absolument prendre ses distances par rapport à ses parents (et aux adultes en général), afin de définir son identité.
- L'adolescent découvre l'attirance irrésistible pour le sexe opposé : l'appartenance à un groupe rassure, encadre et permet d'explorer progressivement la découverte de l'autre sexe.

- L'adolescent doit apprendre les règles du jeu en société, afin de pouvoir se projeter dans l'avenir, conquérir son autonomie financière, sexuelle et personnelle.

Si l'enfant vit et entretient des relations sociales équilibrées, il aura ensuite tendance à répéter la même chose dans sa vie professionnelle et affective : il recherchera un conjoint qui respecte ses besoins, ses droits et ses sentiments, et lui apportera un respect équivalent ; il se comportera dans sa vie professionnelle en privilégiant la coopération et la bonne entente entre les personnes.

Si l'enfant vit et entretient des relations déséquilibrées, il aura tendance plus tard à reproduire les mêmes comportements avec ses collègues, son conjoint et ses enfants.

Voici quelques pistes permettant de développer la vie sociale de l'enfant :

- **La pratique d'un sport, d'un instrument de musique.** Il a depuis longtemps été remarqué tous les bénéfices qu'un enfant pouvait tirer d'une activité où il s'implique fortement, comme la pratique d'un sport ou l'apprentissage d'un instrument de musique. Encore faut-il bien entendu que l'enfant y participe volontiers, et non que cela soit une activité supplémentaire ajoutée à un emploi du temps d'écolier déjà surchargé.

  La pratique d'un instrument de musique d'orchestre (ou la participation à une chorale), outre tous les bienfaits que l'enfant pourra en tirer pour son développement intellectuel et affectif, permettra également à l'enfant d'apprendre toutes les règles de la vie en société et de la citoyenneté : respecter et écouter ce que fait l'autre, travailler et créer ensemble, respecter les règles afin d'atteindre un but commun, etc.

  La pratique de sports favorise la vie sociale, cela a également été reconnu. Et la pratique de sports à responsabilité (comme l'escalade ou la voile, pour lesquels on peut devenir progressivement moniteur) permet également de développer le sens de la responsabilité chez le jeune : l'une des clés de l'estime de soi.

- **Les mouvements de jeunesse, les associations.** Après avoir eu leur heure de gloire, les mouvements de jeunesse traditionnels (comme le scoutisme sous ses différentes formes) ont perdu de leur attrait auprès des jeunes et des parents. On peut le regretter, car ils développaient de nombreuses qualités comme l'autonomie, l'apprentissage progressif de la responsabilité et de l'autorité, l'apprentissage de la vie en groupe, le dépassement de soi, la solidarité, la découverte et le respect de la nature, la rencontre des autres et l'apprentissage de la différence, le développement de la confiance en soi, le goût de l'effort et du travail bien fait, le désintéressement, la découverte que l'on peut vivre de peu, l'indépendance progressive par rapport au milieu familial. Certains y voyaient même une excellente « école de management ».

Pour l'adolescent en quête de relations humaines riches et structurantes, ce sont souvent maintenant des associations qui proposent des cadres attractifs, à travers des projets (écologiques, humanitaires, sociaux ou autres).

Cependant l'égoïsme naturel de l'enfant ou du jeune ne le poussera pas forcément à entrer dans ces cadres, même s'il en tire du profit. L'exemple du parent sera souvent décisif : si le parent est engagé lui-même dans des associations, des mouvements ou des démarches sociales, l'enfant sera tenté de faire lui-même des expériences équivalentes.

Certains enfants éprouvent de la difficulté à être en groupe : il faudra distinguer le besoin naturel de certains enfants à avoir des moments à eux (relié à ce que l'on appelle *l'intelligence intrapersonnelle*) et les enfants anxieux, impulsifs ou agités, pour lesquels la vie en groupe est difficile.

Les causes de ces difficultés peuvent être multiples. Elles sont cependant souvent liées au développement du sentiment de sécurité chez l'enfant : l'enfant vivant dans un milieu familial hypersécurisé aura tendance à être anxieux lorsqu'il est en dehors de ce milieu ; l'enfant impulsif ou agité pourra manquer de ce sentiment de sécurité qui donne une paix intérieure.

- **Favoriser l'amitié.** Les sentiments d'amitié entre enfants peuvent être très forts, et se continuer jusqu'à la vie adulte. Les amis tiennent une place si importante pour l'enfant que nombreux sont ceux qui s'inventent un ami imaginaire.

Il faut régulièrement fournir à l'enfant les conditions où cette amitié puisse se mettre en place, en particulier le temps : invitation à coucher chez l'autre, anniversaires, sorties, vacances partagées, etc.

- **Favoriser la coopération.** En grandissant, l'enfant développe souvent le goût de faire quelque chose pour les autres, le plaisir d'aider les autres. Le parent peut favoriser cette tendance pour la coopération.

  Mais bien coopérer, cela s'apprend. D'abord (par exemple) en rendant service dans le cadre familial, en offrant spontanément son aide, en accomplissant des tâches ménagères à son niveau : le plus petit débarrassera la table, le plus grand videra la machine à laver la vaisselle ou lavera la voiture. La coopération nécessite également de développer chez l'enfant (puis chez l'adolescent) différentes qualités :

  - savoir écouter l'autre.
  - accepter de discuter, de comprendre le point de vue de l'autre.
  - accepter de négocier, de trouver des accords satisfaisants pour tous.
  - prendre ses responsabilités.

La discussion en famille reste un élément clé de l'apprentissage de la coopération : une étude relève que les adolescents vivant dans des familles où les discussions sont nombreuses sont plus optimistes face à leur avenir, en particulier relationnel.

- **Apprendre à l'enfant à négocier et à gérer les conflits.** Vivre avec les autres, appartenir à un groupe, cela engendre naturellement le risque d'entrer en conflit. Et le lieu des premiers conflits, c'est bien entendu la famille. C'est là où l'enfant va découvrir que l'on peut s'opposer à l'autre et qu'il pourra apprendre des stratégies pour résoudre ces conflits.

  Lorsqu'un conflit se met en place avec l'enfant, le parent aura différentes stratégies possibles pour le résoudre, stratégies que l'enfant aura tendance à adopter ensuite naturellement pour résoudre d'autres conflits. Par exemple :

- *Les stratégies de fuite :* éviter les sujets brûlants ou qui fâchent, réprimer ses réactions émotives (comme la colère), faire comme si le problème n'existait pas. En particulier avec l'adolescent, c'est parfois une stratégie salutaire, pour garder un contact minimum avec lui, mais cela ne résout pas le problème : on cache la poussière sous le tapis, mais la poussière est toujours là.
- *Les stratégies d'atténuation :* le parent utilise la force physique ou psychologique, le chantage, la menace. Ce sont des stratégies où il y a un gagnant et un perdant. Elles sont particulièrement destructrices pour l'estime de soi de l'enfant.
- *Les stratégies d'adoucissement :* on tente de minimiser le problème, on espère que les choses s'arrangeront d'elles-mêmes. Ces stratégies, le plus souvent, ne font que retarder une confrontation ouverte.
- *Les stratégies de dialogue et de recherche de consensus :* ce sont celles qui sont souhaitables, dans la mesure du possible.

  Rechercher un consensus, c'est vouloir une solution qui soit acceptable par tous ; c'est résoudre un problème de manière constructive et pacifique qui, dans une certaine mesure, satisfait les deux parties : il n'y a ni gagnant ni perdant.

Pour cela, il faut dialoguer. Mais dialoguer avec un enfant n'est pas toujours facile, pour plusieurs raisons :

- Le parent doit accepter le simple fait de discuter, alors qu'il a (peut-être) lui-même été élevé dans un cadre très rigide, sans possibilité de négociation : « *C'est comme ça et ce n'est pas autrement !* »
- Le parent doit faire prendre conscience à l'enfant qu'il y a des choses qui sont négociables, et d'autres qui ne le sont pas : on peut négocier une heure de coucher, mais on ne négocie pas le fait qu'il est interdit de frapper un autre enfant.
- Le parent doit s'adapter au niveau de conscience de l'enfant, en évolution, qui ne lui permet pas forcément de comprendre certains arguments (comme l'importance du sommeil, éviter les abus de sucreries, etc.).

L'une des clés essentielles du dialogue entre le parent et son enfant est de **savoir écouter** : cela demande du temps et de l'attention, et cela implique de tenir compte du moment et des circonstances, de ne pas vouloir imposer son point de vue... Lorsqu'on a le sentiment d'être réellement écouté, on se sent important et cela a un impact direct sur l'estime de soi.

Écouter un enfant, c'est souvent décrypter ce qu'il n'exprime pas clairement à travers ses mots, par exemple :

Ce qui est dit par l'enfant	Ce qui peut se cacher derrière les mots
Je m'ennuie	*Je voudrais que tu joues avec moi*
Je ne veux pas aller me coucher	*Je voudrais rester un peu avec Papa*
J'ai eu 5 à mon contrôle de maths	*Je n'en peux plus d'être en échec, aide-moi*

Avec le petit enfant, il est relativement facile d'entendre ce qui se cache derrière les mots. Cela devient plus difficile avec l'adolescent : en grandissant, l'adolescent devient moins communicatif, il aura le sentiment que le parent ne le comprend pas. Il ne pourra pas communiquer avec vous comme il communique avec les autres jeunes, à travers des références particulières que vous ignorez et un jargon qui vous est incompréhensible.

Et le parent, à trop vouloir dialoguer, fait fuir l'adolescent, surtout lorsque le « dialogue » du parent ne sert qu'à vouloir imposer sa manière de voir. Il est pourtant essentiel de garder le contact avec son adolescent. Cela peut en général se faire en équilibrant deux manières de faire :

- s'intéresser sincèrement à ce qu'il dit, sans le juger, sans le critiquer et sans argumenter ;
- et, après l'avoir écouté, parler de soi, de ses propres idées, sentiments, goûts, souhaits sur ce qu'il a dit, sans vouloir ni imposer sa manière de voir, ni donner des conseils « pour son bien ».

- **Le soutenir dans l'environnement scolaire.** Sorti du milieu familial de la petite enfance, l'enfant va découvrir, à l'école, un lieu d'intense socialisation, où les copains et les copines joueront souvent un rôle plus important que le fait d'apprendre le français, l'histoire ou les mathématiques. Nous détaillerons plus loin le rôle essentiel que peut jouer l'école dans le développement et le renforcement de l'estime de soi. Mais plus spécifiquement, pour développer ce sentiment d'appartenance chez l'enfant, l'école doit remplir un certain nombre de conditions souvent oubliées des consignes ministérielles ou du programme des enseignants, comme :
  - L'école à laquelle il appartient a une vraie identité (par exemple : l'enfant apprécie d'être dans son collège, et pas un autre).
  - Il est proposé régulièrement aux élèves la participation à des projets communs, si possible interclasses.
  - Des activités particulières permettent la cohésion du groupe-classe, et des différentes classes entre elles (comme des événements artistiques ou sportifs).
  - Des structures permettent la concertation et le dialogue entre élèves, et entre élèves et adultes (par exemple incluses dans le projet d'établissement).
  - L'apprentissage de la responsabilité est encouragé (par exemple dans le tutorat, ou la mise en place de projets).

Ce sentiment d'appartenance que pourra développer l'enfant à l'école sera renforcé si le parent s'implique dans cet environnement scolaire :

- une participation régulière aux réunions de parents ;
- la participation aux fêtes organisées par l'école ;
- l'implication dans une fédération de parents d'élèves ;
- la connaissance des enseignants et un contact régulier avec eux.

Il pourra également être intéressant d'encourager l'enfant à participer à certaines activités parascolaires proposées par son école (activités sportives, musicales, manuelles, sociales, etc.). Il développera ainsi un sentiment plus fort d'appartenir à son milieu scolaire.

Cette participation devrait particulièrement être encouragée chez l'adolescent, à la recherche de structures et de groupes de jeunes de son âge : il trouvera souvent dans les activités parascolaires de son collège ou de son lycée des structures plus saines que les groupes informels qui pourront l'attirer.

Ce que peut apporter un sentiment d'appartenance à l'enfant et à l'adolescent

Développer ce sentiment d'appartenance chez l'enfant va avoir de nombreuses répercussions positives. Outre le fait de renforcer son estime de soi, cela va également favoriser ses relations avec les autres, et aura une grande influence sur la réussite de sa future vie sociale.

- **Le respect de soi.** Nos relations aux autres ont tendance à être comme un miroir et à refléter notre relation à nous-même. Les personnes qui se haïssent auront tendance à haïr les autres, celles qui se respectent à respecter les autres. Ceux qui tuent le monde, directement ou indirectement, ne sont pas connus pour avoir une relation d'amour avec eux-mêmes.
- **L'attention aux autres.** Vivre avec les autres permet de découvrir que l'autre est différent. Cela donne l'occasion à l'enfant puis au jeune de développer des sentiments comme le respect, l'empathie, la compassion, la bienveillance.
- **Le plaisir de relations amicales.** En mettant à part les relations amoureuses, il y a différents niveaux de relation aux autres, depuis la rencontre impromptue et sans suite (comme parler à quelqu'un dans la rue ou dans un magasin) jusqu'à la relation amicale ancrée dans la durée. Avoir de bons amis, cela a été infiniment relevé, est une richesse incomparable. Le parent pourra aider l'enfant à entretenir ses amitiés.
- **La facilité à intégrer un groupe nouveau,** sans timidité, sentiment de supériorité, agressivité ni hostilité. C'est une démarche que l'enfant, le jeune ou l'adulte aura à faire toute sa vie : découverte d'une

nouvelle classe à l'école ; participation à une colonie de vacances, à un stage sportif, à un projet humanitaire ; entrée dans une entreprise ou dans un nouveau service, etc.

- **La capacité à travailler ensemble, à coopérer**. Être capable d'établir de bonnes relations avec les autres est à la base de toute coopération : lorsque l'enfant ou le jeune a une démarche positive dans ses relations humaines, la coopération devient naturelle. Mais cette naturelle coopération sera souvent en contradiction avec un modèle scolaire qui entretient volontiers la compétition et la réussite individuelle.
- **La capacité à tirer parti des richesses des autres.** À travers le développement d'un sentiment d'appartenance à des groupes humains, l'enfant va comprendre qu'il peut s'enrichir au contact des autres, qu'il a tout intérêt à ne pas rester isolé. Il découvre un élément fondamental de la vie en société.

CHAPITRE 6

DÉVELOPPER UN SENTIMENT DE COMPÉTENCE

Au programme

- Pistes pratiques pour développer un sentiment de compétence
- Ce que peut apporter un sentiment de compétence

Les enfants sont capables, et chaque jour un peu plus que la veille : c'est la magie de l'enfant qui grandit, tellement fascinante pour le parent attentif.

Ce sentiment de compétence que l'enfant semble développer dès sa naissance, cela sera au parent de le stimuler pour le faire grandir, sans toutefois imposer des demandes excessives qui pourront créer un sentiment de découragement, et casser l'estime de soi de l'enfant.

Ce sentiment d'être capable d'affronter une situation avec succès va jouer un rôle fondamental dans de très nombreuses circonstances de la vie : motivation dans des actions, relations affectives, engagement dans des projets, choix des buts que l'on se donne, persévérance pour surmonter les difficultés...

De nombreux moyens pratiques, nous allons le voir, permettent de développer naturellement ce sentiment de compétence chez l'enfant.

Pistes pratiques pour développer un sentiment de compétence chez l'enfant et chez l'adolescent
• Faire confiance aux capacités de son enfant, croire en lui. • Éviter de le surprotéger. • Développer son autonomie. • Accepter que l'enfant soit fier de lui. • Éviter les comparaisons. • Ne pas relier systématiquement compétences et réussite scolaire. • Reconnaître et souligner ses succès et ses réussites. • Accepter que l'enfant fasse des erreurs. • Le soutenir dans les difficultés. • Encourager la persévérance. • Critiquer à bon escient et de manière constructive.
Ce qu'un sentiment de compétence peut apporter à l'enfant et à l'adolescent
• La capacité à faire des choix, à prendre des décisions. • Une vision positive de l'avenir. • De la motivation pour entreprendre. • Un sentiment d'humilité et de respect de l'autre. • Des stratégies de succès. • Savoir renoncer.

Pistes pratiques pour développer un sentiment de compétence

- **Faire confiance aux capacités de son enfant, croire en lui.** Si le projet éducatif d'un parent est bien de permettre à l'enfant de réaliser ce qu'il a de meilleur en lui, cela signifie qu'il faut croire en lui, avoir confiance en ses capacités.

  Pour lui accorder cette confiance, il faut avoir conscience, de façon réaliste, de ses capacités et de ses ressources personnelles, en les réévaluant régulièrement : un enfant, ça change vite et ça apprend vite, ça se développe en permanence et ça fait des progrès constants. Ce qu'il ne savait pas ou ne pouvait pas faire hier, il en est peut-être capable aujourd'hui !

Soutenu par la confiance du parent, l'enfant pourra intégrer ce soutien, avoir par lui-même confiance en ses capacités, et pourra ainsi progresser.

L'adulte a souvent tendance à sous-évaluer les compétences naturelles d'un petit enfant et ses capacités à comprendre. On ne peut qu'être frappé par la pertinence des questions ou les facultés de compréhension de certains enfants lorsqu'on les confronte à des sujets que l'on considère comme « réservés aux grands ».

- **Éviter de le surprotéger.** Faire confiance à son enfant, c'est être capable de favoriser son évolution sans le surprotéger. C'est un équilibre qui demande beaucoup d'attention de la part du parent, car il doit demeurer conscient des dangers et des limites liés à son enfant : vulnérabilité émotionnelle, capacité de raisonnement limitée, habileté physique restreinte.

  De nombreuses recherches montrent qu'il existe un lien étroit entre la surprotection exercée par les parents et une faible estime de soi chez l'enfant. Il est cependant évident que des enfants négligés et mal protégés ont eux aussi une faible estime de soi. Tout est question d'équilibre, et tient dans ce paradoxe apparent que nous avons détaillé plus haut : l'enfant doit se sentir en sécurité pour pouvoir prendre des risques et réussir dans ses entreprises.

- **Développer son autonomie.** L'autonomie, c'est cette volonté de faire les choses par soi-même. Développer l'autonomie chez l'enfant, c'est lui donner progressivement des responsabilités en rapport avec les capacités de son âge et à son niveau ; c'est lui fixer des buts qu'il puisse atteindre ; c'est relever ses compétences à faire telle ou telle chose ; c'est accepter qu'il fasse les choses, même imparfaitement, plutôt que de les faire à sa place. On connaît cette célèbre phrase de Maria Montessori : « *Aide-moi à faire tout seul* », qui résume bien un élément clé de la pédagogie utilisée dans les écoles qui portent son nom. Favoriser l'autonomie, ce n'est pas, pour le parent, l'abandon de ses responsabilités : c'est être attentif à l'enfant pour lui permettre d'acquérir la capacité à faire par lui-même.

Pour l'adolescent, la recherche de son autonomie sera une démarche essentielle et cruciale pour lui permettre de sortir de l'enfance. Même si les liens qui le retiennent sont contradictoires :

- D'un côté, il est attaché à ses parents et à son environnement d'enfant, et il va lui falloir progressivement rompre ces liens de dépendance.
- De l'autre, il piaffe du désir de la découverte de la liberté, de l'interdit, de l'ailleurs.
- Et, ses parents sont également attachés à lui, ils voudront continuer à le protéger, et pourront avoir du mal à le laisser prendre son envol.

Dans ce difficile passage, l'essentiel semble :

de part et d'autre :

- de garder le contact et le dialogue, en évitant toute tentation d'exclusion ;
- de pouvoir continuer à exprimer ce que l'on vit et ce que l'on souhaite ;

du côté du parent :

- de poser les limites et de les faire respecter, de se faire respecter, de refuser les impolitesses ;
- de dire ce en quoi l'on croit ;

du côté de l'adolescent :

- de s'accorder le droit de refuser les attentes, les désirs et les souhaits de ses parents ;
- de reconnaître la valeur de ses sentiments, de ses comportements et de ses actes, et de les valoriser ;
- de prendre des décisions et des initiatives.

- **Accepter que l'enfant soit fier de lui.** La fierté, c'est la récompense émotionnelle d'avoir atteint un but que l'on s'est donné. Ce n'est pas un vice à surmonter, mais une valeur à atteindre, qui tient dans cette double démarche : « *Je pense que je peux le faire* », puis : « *Je savais que je pouvais le faire, je suis fier de l'avoir fait* ». Pour que l'enfant apprenne à être fier de lui, il faut, de la part du parent :

- **Lui donner des occasions régulières de réussite**. Cela pourra être, par exemple : changer les couches du petit frère, faire un gâteau, participer à une excursion exigeante, jouer – et gagner – à des jeux complexes, etc. Plus grand, l'adolescent lui aussi ne pourra développer une bonne estime de soi s'il ne connaît pas régulièrement des succès dans ses entreprises, que ce soit à l'école, dans ses activités sportives et de loisirs, dans sa vie amoureuse ou avec ses amis.
- **Ne pas le mettre dans des situations où son échec est quasi certain**. Cela signifie d'accepter l'enfant tel qu'il est (et non pas tel qu'on voudrait qu'il soit), en ayant des attentes réalistes envers lui, en ne lui demandant pas de faire des choses hors de sa portée.

• **Éviter les comparaisons.** Tout être humain, dès sa naissance, est unique. Comparer l'enfant à ses frères et sœurs, à ses amis, à ce cousin ou cette cousine du même âge, ou au parent lorsqu'il était enfant (« *Quand j'avais ton âge, je savais faire ceci et cela…* ») est souvent destructeur de la personnalité de l'enfant, et n'apporte aucun aspect positif.

Par définition, un enfant est un être en développement : ce qu'il n'est pas capable de faire aujourd'hui, il en sera peut-être capable dans quelques mois. Et ce qu'il saura faire sera différent de ce que savent faire ses frères, sœurs, cousins ou cousines.

La comparaison (en général au détriment de l'enfant) risque de lui faire refuser d'essayer, ayant dès le départ le sentiment qu'il ne fera pas aussi bien que son frère ou sa cousine. Refusant d'essayer, il lui sera difficile de progresser, et l'enfant vivra cela comme un échec : échec par défaut, car il n'aura même pas tenté de faire.

• **Ne pas relier systématiquement compétences et réussite scolaire.** L'enfant comme l'adolescent aura souvent tendance à juger ses réussites et ses échecs selon des critères uniquement d'école : il se trouvera « *nul* » parce qu'il a de mauvaises notes en maths, alors qu'il est capable de faire des choses exceptionnelles en dehors de l'école (en arts, en sport, en créativité, en habileté manuelle, en relations sociales ou avec tout autre talent). C'est au parent de relever ses réussites personnelles, et de relativiser le poids des résultats scolaires. Cette tendance à relier « compétences » et « réussite scolaire » est très répandue chez de nombreux parents, qui n'imaginent la valeur de leur enfant que par ses « bonnes notes ». Le problème, c'est que le système scolaire est mal adapté – ou franchement inadapté – à un certain nombre d'enfants, qui ont des formes d'intelligences ou des manières d'apprendre non reconnues par ce système. Des difficultés à l'école ne signifient pas forcément un manque de compétences, mais souvent un manque d'adaptabilité de l'enfant à un système fixé.

Face aux difficultés scolaires de son enfant, il sera souvent difficile au parent de garder confiance en son enfant, et à l'enfant de garder confiance en ses propres capacités.

Si la réussite scolaire semble aider à l'entrée dans la vie adulte, on constate cependant qu'une majorité des jeunes qui ont vécu des difficultés d'apprentissage persistantes à l'école peuvent se débrouiller très bien dans la vie. Mais chez ces jeunes « qui s'en sont sortis » malgré de mauvais résultats scolaires, on a relevé un fait intéressant : d'abord leurs parents ont toujours cru qu'ils finiraient par bien se débrouiller dans la vie malgré leurs problèmes d'apprentissage, et chacun de ces enfants a connu un enseignant qui a cru en ses capacités et qui l'a aidé.

Bien entendu, cela ne justifie pas le maintien d'un système éducatif plus basé sur l'exclusion des enfants « hors normes » que sur le respect des individus et des manières d'apprendre de chacun.

- **Reconnaître et souligner ses succès, ses réussites, et les valoriser (sans les survaloriser).** Le développement d'un sentiment de compétence chez l'enfant sera étroitement lié à des expériences de succès : pour croire intimement qu'il est compétent et capable, il faut qu'il fasse souvent l'expérience de la réussite. Lorsqu'il réussit quelque chose, l'enfant en tire un sentiment de fierté personnelle, qui lui donne la volonté et l'envie de prendre des risques pour continuer à entreprendre, et le pousse à sortir de sa « zone de confort » (les actions qu'il fait facilement et sans effort). À l'inverse, si ses parents ou les adultes autour de lui ne relèvent que ses erreurs et ses échecs, il se sentira sans valeur, malgré tout ce qu'il réussit.

Et pour l'adolescent, dans la période de doute intense qu'il va traverser, reconnaître et souligner ses réussites (pas forcément scolaires !) sera essentiel pour maintenir sa confiance en lui et continuer à développer son estime de soi.

Attention : le succès doit avoir de la valeur aux yeux de l'enfant, il doit venir d'expériences qu'il considère comme valables et importantes pour lui.

L'art et la manière de relever les réussites

Souligner les réussites doit se faire, si possible, de manière *constructive, active et immédiate*. En voici un exemple.

Imaginons que votre grand adolescent rentre à la maison et vous dise : « *J'ai eu 18/20 à mon contrôle de maths* ». Voici quatre manières générales de répondre à cette bonne nouvelle.

Type de réponse	Caractéristique de la réponse	Exemples
Passive et destructrice	• Vous changez de sujet. • Vous êtes jaloux de cette bonne nouvelle.	• *On dirait qu'il va pleuvoir.* • *Il faudrait d'urgence que tu ranges ta chambre.*
Passive et constructive	• Vous n'en faites pas une affaire. Vous ne rentrez pas dans les détails. • Vous considérez que votre enfant sait que vous êtes heureux pour lui.	• *Bien !* • *Bravo !* • *Super !*

…/…

Active et destructrice	• Cela ne vous intéresse pas. Vous n'en avez rien à faire. Vous n'y faites pas attention. Vous ne répondez rien. • Celavous rend jaloux. • Cela vous renvoie à des problèmes personnels, à des situations que vous avez (mal) vécues. • Vous relativisez la nouvelle, vous la dépréciez. • Vous prévoyez le pire pour l'avenir. • Vous dévalorisez votre enfant. • Vous faites un sermon sur l'orgueil et la vanité, et la nécessaire humilité.	• *Ce contrôle devait être particulièrement facile.* • *Cela ne veut pas dire que tu ne finiras pas chômeur.* • *Un coup de chance, sans doute.* • *On verra si tu auras encore la même note au prochain contrôle, ça m'étonnerait.* • *À ton âge, j'avais 18/20 en philo, ça, au moins, cela avait de la valeur.*
Active et Constructive	• Votre enfant a le sentiment que vous êtes heureux pour lui. • Vous posez des questions pour en savoir plus. • Vous êtes enthousiaste. • Vous soulignez les talents et les compétences de votre enfant. • Vous partagez cette bonne nouvelle avec d'autres. • Vous soulignez le fait que votre enfant a bien mérité ce succès.	• *C'est la meilleure nouvelle que j'ai entendue cette semaine !* • *J'ai le sentiment que c'est le début d'une longue série de bonnes notes.* • *Tu as de quoi être fier de toi.* • *Cela ne me surprend pas, après le travail que tu as fait pour bien préparer ce contrôle. Tu l'as bien mérité.*

Le fait que votre réponse soit « active et constructive » ne suffit cependant pas : il faut également qu'elle soit *immédiate* et spontanée. Cela ne marche pas si vous dites par exemple : « *Oh, tu te souviens, quand tu m'as dit vendredi dernier que tu avais eu 18/20, et que je t'ai dit : Super ! ? En fait, je suis très fier de toi.* »

- **Accepter que l'enfant fasse des erreurs.** Le sentiment de compétence chez l'enfant (comme chez l'adulte…) ne peut pas se développer sans essais et sans erreurs. Pour arriver à connaître le succès et renforcer son estime de soi, l'enfant doit avoir le droit de commettre des erreurs sans être « puni » pour cela, en considérant ces erreurs non comme des échecs, mais comme des occasions d'essayer de nouvelles stratégies qui lui permettront de réussir une prochaine fois.

  Hélas, une habitude est souvent bien ancrée : le parent comme l'enseignant auront tendance à relever les erreurs (considérées comme une déviance par rapport à une norme fixée) et à ne pas souligner les réussites (qui sont supposées être la norme).

Éviter le perfectionnisme et le découragement

Quel taux d'erreurs accepter chez l'enfant ? Si le parent ou l'enseignant souhaite une « tolérance zéro » à l'erreur, cette volonté de perfectionnisme (qui demande beaucoup d'énergie et crée beaucoup de stress) peut conduire l'enfant au découragement – tout le contraire du but souhaité. D'un autre côté, si le parent ou l'enseignant banalise l'erreur, l'enfant n'apprend pas la recherche de la qualité dans ce qu'il fait.

Là encore, il s'agit de trouver le bon équilibre et la bonne manière dans la façon de relever les erreurs, avec un mélange d'exigence, de bienveillance et d'encouragement.

- **Le soutenir dans les difficultés.** La réaction du parent, lorsque l'enfant va rencontrer des difficultés à faire quelque chose, va influencer grandement l'envie de l'enfant de continuer à essayer, et donc de réussir. Il est pourtant essentiel que l'enfant se confronte à des difficultés s'il veut développer un sentiment de compétence. La réaction du parent pourra prendre des formes qui risquent de bloquer l'enfant :
  - Le décourager : *« C'est trop difficile pour toi » ; « Ça ne sert à rien ».*
  - Le faire complètement à sa place : *« Laisse, je vais le faire, tu n'y arriveras pas. »*
  - Lui faire peur : *« Arrête, tu vas te faire mal ! »*

D'autres types de réactions pourront l'inciter à continuer :

- L'aider à comprendre la difficulté : « *Explique-moi ce qui ne va pas.* »
- Rechercher quelqu'un de compétent : « *Là, ça me dépasse. Allons demander au voisin, peut-être pourra-t-il te donner de bons conseils.* »
- L'aider à trouver une solution par lui-même : « *Peut-être y a-t-il des forums sur Internet qui parlent de cette difficulté ?* » ; « *Allons à la bibliothèque voir s'il y a un livre là-dessus* ».

Dans cette démarche, on trouvera souvent le souci naturel du parent de protéger l'enfant : c'est, là encore, toute la difficulté de trouver le bon niveau de soutien à l'enfant, en l'aidant à expérimenter et à réussir, mais sans le mettre en danger ni le surprotéger.

D'une manière pratique, voici quelques questions que l'on peut poser à l'enfant lorsqu'il est face à une difficulté, qu'elle soit scolaire ou pas :

- *Quel est ton sentiment, comment te sens-tu ?* (Pour évacuer les sentiments qui peuvent brouiller la compréhension.)
- *Que s'est-il passé ?* (Pour reprendre les différentes étapes de l'action.)
- *À quel moment les difficultés sont-elles apparues ?* (Pour bien cerner ce qui pose un problème et ce qui n'en pose pas.)
- *Comment aurais-tu pu faire autrement ?* (Pour permettre à l'enfant de trouver par lui-même des solutions – pour l'inciter à inventer, innover, utiliser sa créativité.)
- *Quelles étapes intermédiaires te permettraient d'atteindre ton but ?* (Pour aider l'enfant à choisir par lui-même des buts réalistes.)
- *As-tu besoin de mon aide ?* (L'enfant fixe lui-même le niveau d'aide qu'il attend du parent.)

- **Encourager la persévérance.** Pour réussir, il faut savoir persévérer, que l'on soit enfant ou adulte. Lorsqu'il fait une erreur ou que le résultat escompté d'une action n'est pas atteint, on doit suggérer à l'enfant d'essayer de nouveau, de recommencer tout de suite ou un peu plus tard, peut-être d'une autre manière et en se fixant des buts intermédiaires plus modestes : rester sur un échec, sans espoir de réussir, est désespérant.

- **Critiquer à bon escient et d'une manière constructive.** Le parent aura régulièrement la nécessité d'émettre une critique sur le comportement ou l'action de son enfant. Nous verrons, au chapitre 13, comment lui envoyer des « signes de reconnaissance » concernant ses comportements et ses actes. L'enfant – et encore plus l'adolescent –, même s'il ne le montre pas explicitement, est extrêmement sensible à la critique, qui doit être :
  - **justifiée**, c'est-à-dire en rapport avec une norme ou une règle fixée : *« Tu t'étais engagé à ranger ta chambre » ; « Je te rappelle que c'est à ton tour de vider la machine à laver la vaisselle » ;*
  - **en rapport avec l'acte ou le comportement**, et non destructeur de la personnalité : *« Je t'interdis de frapper ta sœur »*, et non *« Tu es méchant » ; « Tu n'as pas assez travaillé ton contrôle de français »* et non : *« Tu es nul » ;*
  - **équilibrée**, avec le soulignement régulier de ses actions positives.

La critique « sandwich »

Lorsque l'on doit relever une action négative de l'enfant, cette manière de faire peut permettre d'équilibrer l'expression de la critique avec des actions positives de l'enfant :

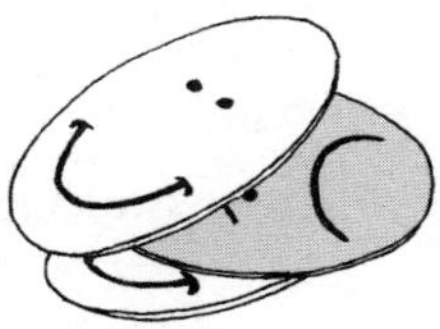

- **on relève quelque chose de positif ;**
- **on fait la critique que l'on doit faire ;**
- **on termine par quelque chose de positif.**

Exemple :

- ***« J'ai bien apprécié que tu m'aides à préparer le dîner.***
- ***Je te rappelle aussi que ta chambre doit être rangée, c'est la fin du week-end.***
- ***Et encore bravo pour les photos que tu as prises pour l'anniversaire de Papy, on va faire un tirage des meilleures. »***

Ce que peut apporter un sentiment de compétence

Pour l'enfant et l'adolescent, développer ce sentiment de compétence va avoir un certain nombre de conséquences positives.

- **La capacité à faire des choix, à prendre des décisions.** Cela sera un élément clé lorsqu'il sera confronté aux choix et aux décisions qui marqueront sa vie d'adulte : son métier, son mode de vie, sa vie affective et son conjoint, son implication dans la cité, etc.
- **Une vision positive de l'avenir.** Lorsqu'il a ce sentiment de compétence, l'enfant peut se projeter dans l'avenir avec confiance ; il peut construire la vision de sa vie future au lieu d'attendre passivement que les choses se passent « par défaut ».
- **De la motivation pour entreprendre.** Avoir le sentiment de ses compétences pousse à l'action, parce que l'on a une vue claire de ses forces et de ses faiblesses, de ce que l'on est capable de faire ; parce que l'on peut s'appuyer sur des réussites passées pour surmonter les obstacles futurs. Se sentir compétent, c'est être convaincu que l'on peut relever avec succès n'importe quel défi si l'on adopte les attitudes favorables et les bonnes stratégies.
- **Un sentiment d'humilité et de respect de l'autre.** Connaissant sa vraie valeur, l'enfant, en grandissant, ne sentira pas le besoin de paraître ce qu'il n'est pas, ni de se gonfler pour s'affirmer ; se respectant lui-même, il lui sera plus facile de respecter les autres.
- **Des stratégies de succès.** Le développement d'un sentiment de compétence s'appuie sur une prise de conscience des résultats de ses actions : *pourquoi ceci a marché, pourquoi cela n'a pas marché, comment aurais-je pu faire autrement* ? Ainsi l'enfant puis l'adolescent vont expérimenter des stratégies de succès, qu'ils pourront continuer à développer et à appliquer toute leur vie.

- **Savoir renoncer.** Des échecs répétés peuvent, à la longue, diminuer l'estime de soi. Savoir renoncer au bon moment – ni trop tôt, ni trop tard (lorsqu'on y est vraiment obligé) permet de transformer ce renoncement en succès : on est maître de sa vie, conscient de ses forces et de ses limites, et l'on choisit ce qui semble le meilleur pour soi.

CHAPITRE 7

DÉVELOPPER LE SENTIMENT D'AVOIR DES BUTS ET DES RESPONSABILITÉS

Au programme

- Pistes pratiques pour développer le sentiment d'avoir des buts et des responsabilités
- Ce que peut apporter un sentiment de responsabilité à l'enfant et à l'adolescent

Tout en développant un sentiment de compétence, l'enfant va prendre conscience qu'il est capable d'avoir des buts réalistes et atteignables ; qu'il peut accomplir ce qu'il a décidé ; qu'il peut mettre en place des plans pour atteindre ces buts. Il va apprendre la responsabilité personnelle et l'autodiscipline.

Pistes pratiques pour développer le sentiment d'avoir des buts et des responsabilités
• Lui donner des responsabilités en rapport avec son âge. • Lui faire découvrir la responsabilité sociale. • Lui apprendre l'intérêt de la coopération. • Transformer des compétences en buts et en succès. • Lui proposer des buts et l'aider à les atteindre. • Donner l'exemple de la responsabilité.
Ce que le sentiment d'avoir des buts et des responsabilités peut apporter à l'enfant et à l'adolescent
• Il développera une capacité à la motivation personnelle. • Il découvrira l'intérêt de l'autodiscipline. • Il fera preuve d'initiative. • Il apprendra le réalisme. • Il développera la persévérance et la détermination. • Il acceptera – ou demandera – l'aide et les conseils dont il a besoin pour réussir. • Il acceptera les compliments avec simplicité et sans se dévaloriser. • Il saura dire non. • Il se projettera plus facilement dans le futur. • Il poussera ses parents à développer leur propre envie d'entreprendre.

Pistes pratiques pour développer le sentiment d'avoir des buts et des responsabilités

- **Donner des responsabilités en rapport avec son âge.** Faire grandir un enfant jusqu'à l'âge adulte, c'est le rendre progressivement capable d'assumer des responsabilités toute sa vie. Cela peut commencer très tôt, par le partage des tâches familiales : mettre le couvert ou débarrasser la table ; faire un gâteau pour la venue de Papy et Mamy ; nettoyer, passer le balai ; s'occuper d'un animal ; etc. Dans la préadolescence et l'adolescence, d'autres activités pourront développer ce sentiment de responsabilité : s'occuper d'autres enfants (frères et sœurs plus petits, baby-sitting), prendre soin d'un animal (chien, poney, cheval), aider régulièrement des personnes âgées, etc. Dans l'apprentissage de la responsabilité, l'enfant sort de la position d'assisté qu'il a connue bébé, et découvre cette nouvelle dimension de sa vie : faire ce que l'on a à faire – et le faire bien.

École et irresponsabilité

L'école, bien souvent, ne joue pas ce rôle d'apprentissage à la responsabilité, ou bien d'une manière fausse et artificielle : lorsque la seule « responsabilité » de l'enfant est d'obéir aux consignes et aux ordres des enseignants, de suivre strictement ce qu'on lui impose pour obtenir des « bonnes notes », on lui apprend la servilité, non la responsabilité.

L'une des clés d'un apprentissage réussi est que l'apprenant se sente responsable de son apprentissage, sentiment rarement vécu par les enfants à l'école.

- **Faire découvrir la responsabilité sociale.** Au fur et à mesure qu'il grandit, l'enfant découvre que son monde ne se réduit pas à son père et à sa mère, à sa nounou et à ses frères et sœurs : il y a un monde en dehors de son petit monde, il va lui falloir y trouver sa place, et y assumer des responsabilités. Il va découvrir d'autres règles que celles qui encadrent sa vie à la maison : des règles de sécurité pour se déplacer dans la ville (« *On donne la main pour traverser la rue* »), des règles de courtoisie vis-à-vis de personnes rencontrées (« *Dis bonjour à la dame* »), des règles de respect de la nature (« *On* *ne jette pas de papiers par terre* »), des règles de comportement, etc. L'enfant découvre ainsi qu'il ne peut pas faire n'importe quoi, que la vie en société impose des contraintes. Cette acceptation de la vie en société permettra progressivement d'y agir d'une manière de plus en plus autonome.

- **Apprendre l'intérêt de la coopération.** Se fixer des buts, c'est souvent interagir avec les autres, donc la possibilité – ou la nécessité – d'entrer en compétition avec d'autres. Quelle doit être la position du parent sur ce point ? Coopération ou compétition ? L'argument courant est que pour vivre, il faut gagner, et que pour gagner, il faut se battre : *Struggle for life*, disent les Anglo-Saxons, *la lutte pour la vie*. Et malheur aux perdants, aux faibles, aux délaissés, aux handicapés.

  L'évolution de notre société, après des décennies de solidarité sociale, semble remettre à l'honneur cette vieille tentation du chacun pour soi, et tant pis pour les autres. Sur ce point, l'attitude du parent dépendra de ce qu'il attend de son enfant, de ce qu'il souhaite pour lui. Si l'on veut que l'enfant gagne plus tard beaucoup d'argent, qu'il acquière du pouvoir, qu'il devienne célèbre, qu'il entre dans des écoles prestigieuses, il faut bien entendu l'encourager dans la voie de la compétition, et féroce ! Si l'on souhaite plutôt qu'il soit bien dans ses baskets, qu'il respecte les autres, on l'incitera plutôt à sortir de son égoïsme naturel, à travailler avec les autres, à favoriser la coopération. Que le parent en soit conscient : la compétition effrénée ne fait pas bon ménage avec une saine estime de soi.

- **Transformer des compétences en buts et en succès.** Au chapitre précédent, nous avons vu l'importance pour l'enfant de développer le sentiment d'être capable. Pour cela, il faut qu'il se confronte à l'expérience, en se donnant des buts. On forme ainsi cette boucle positive : sentiment de compétence > application dans la recherche de buts > succès > sentiment de compétence.

  Et si le succès n'est pas au rendez-vous ? Car bien entendu l'enfant ou l'adolescent ne réussira pas tout ce qu'il va entreprendre, il va connaître des difficultés et des échecs. Cela sera au parent de recadrer ces semi-succès ou ces échecs, en montrant que c'est *le chemin* qui est le plus important, pas le fait d'arriver ; que c'est le processus qui est vraiment intéressant, non le fait de « gagner ». Cette idée n'est pas toujours facile à faire accepter à l'enfant, tant le culte du « gagnant » et du « perdant » est répandu dans notre société (en particulier à travers le sport). Il s'agit de faire comprendre à l'enfant qu'il a gagné quelque chose (une expérience vécue, des moments riches partagés, un nouveau regard sur soi-même ou sur les autres, la découverte de stratégies qui ne fonctionnent pas bien, etc.), même s'il a « perdu ».

Il y a aussi des manières destructrices de répondre aux échecs de l'enfant, considérées par certains parents comme la « bonne » manière d'éduquer : critiquer l'enfant, se moquer de lui, le traiter de nul, le punir, etc. Une manière sûre de détruire une personnalité en construction.

- **Proposer des buts à l'enfant, et l'aider à les atteindre.** Dans la mesure du possible, les buts que l'on pourra proposer à l'enfant ou à l'adolescent, pour jouer leur rôle constructeur, devront avoir certaines caractéristiques :
  - Être intéressants, avoir du sens pour l'enfant.
  - Être clairs, pouvoir être bien visualisés par l'enfant.
  - Être réalistes.
  - Avoir une durée temporelle acceptable pour l'enfant : le temps n'a pas la même durée chez l'enfant que chez l'adulte, un but à six mois ou à un an n'a pas grand sens pour un petit enfant.
  - Que l'enfant ait une bonne idée des stratégies permettant d'atteindre ce but (le parent peut l'aider à les définir).
  - Que l'enfant ait des moyens d'évaluer la progression vers ce but, éventuellement en se fixant des buts intermédiaires.
  - Que le parent ait une attitude positive concernant ce but : ni indifférence, ni critique destructrice.
  - Qu'un soutien adapté soit proposé à l'enfant pour atteindre ce but – il ne s'agit pas de l'atteindre à sa place.

La découverte de la relation de cause à effet

À travers des buts que va se donner l'enfant et les résultats qu'il obtient, succès ou échec, l'enfant va découvrir la « relation de cause à effet » : en faisant telle action, il obtient tel résultat ; lorsqu'il a telle attitude, il réussit mieux ou moins bien ; telle stratégie est plus intéressante que telle autre pour aboutir ; les moyens qu'il a employés sont plus ou moins bien adaptés pour réussir.

Le parent pourra aider l'enfant à comprendre cette relation : que s'il a eu tel échec ou tel succès, cela est sans doute dû à tel ou tel élément, et n'est pas une fatalité tombée du ciel.

On prendra garde à ne pas rendre entièrement responsable l'enfant ou le jeune de ce qui ne dépend pas forcément uniquement de lui : par exemple, si le parent explique volontiers à l'adolescent qu'une bonne réussite scolaire a une relation directe avec sa motivation, son autonomie ou ses méthodes de travail – ce qui est en partie vrai –, la réussite scolaire (ou l'échec scolaire) peut également venir de la pédagogie des enseignants et du système scolaire.

- **Donner l'exemple de la responsabilité.** L'enfant fonctionne beaucoup par imitation, cela est reconnu. Il a besoin d'exemples vivants pour se forger sa personnalité et son image de lui-même. Et c'est essentiellement en voyant faire ses parents, en ressentant de la fierté ou de la déception à leur égard qu'il va construire cette image.

  Lorsque l'enfant verra le parent s'engager dans des entreprises, avoir des buts intéressants, participer à des projets, il aura envie naturellement d'avoir la même attitude, à son niveau, et développera progressivement son goût pour entreprendre et son sens de la responsabilité.

  À l'inverse, si l'enfant a le sentiment que ses parents ne s'engagent jamais, n'ont pas de buts clairs, sont comme des bouchons sur l'écume de la vie ballottés par les événements, voire lorsqu'il est témoin de comportements irresponsables de la part de ses parents ou d'adultes qui comptent pour lui, il est pris dans un dilemme qu'il aura souvent du mal à gérer : comment se construire en se basant sur une image dégradée de ceux qui comptent le plus pour lui ?

  L'adolescent sera particulièrement sensible aux contradictions entre les paroles et les actes chez ses parents, à leur intégrité – ou à leur manque d'intégrité –, aux valeurs qu'ils prônent et aux valeurs qu'ils vivent réellement.

Ce que peut apporter un sentiment de responsabilité à l'enfant et à l'adolescent

Lorsque l'enfant ou l'adolescent a le sentiment qu'il a des responsabilités et des buts, il pourra développer des compétences particulières.

- **Il développera une capacité à se motiver de manière autonome**, c'est-à-dire qu'il sera capable de se fixer des buts par lui-même, sans qu'ils lui soient imposés de l'extérieur (par les parents, par l'école, etc.).
- **Il découvrira l'intérêt de l'autodiscipline**. Pour atteindre les buts qu'il s'est donnés, il fixera lui-même les règles à suivre. Il n'aura pas besoin d'être persuadé, cajolé, récompensé pour entreprendre : ni la carotte, ni le bâton.
- **Il fera preuve d'initiative.** Il aura de l'enthousiasme à se lancer dans des entreprises, des projets, des buts stimulants.
- **Il apprendra le réalisme**. Il sortira des rêves imaginaires de l'enfance, il se fixera des buts qu'il sait pouvoir atteindre, il ne se lancera pas dans des entreprises irréalistes ou impossibles.
- **Il développera la persévérance et la détermination.** Il ne s'arrêtera pas aux premières difficultés, il comprendra qu'atteindre un but nécessite en général du temps, des efforts, de la constance et de la détermination.
- **Il acceptera – ou demandera – l'aide et les conseils dont il a besoin pour réussir.** À travers la découverte de la coopération, il aura appris que l'on atteint rarement les buts tout seul, et que l'on peut demander de l'aide lorsque cela est nécessaire.
- **Il acceptera les compliments avec simplicité et sans se dévaloriser.** La prise de conscience que l'on est capable d'atteindre des buts que l'on s'est fixés permet d'accepter le fait que l'on peut réussir.
- **Il saura dire non.** Lorsque l'on fixe soi-même ses buts, lorsque l'on fait soi-même ses choix, on apprend à savoir dire non aux buts et aux choix que l'on veut nous imposer.
- **Il se projettera plus facilement dans le futur.** C'est l'une des clés de la réussite du passage de l'adolescence à la vie adulte. Lorsque le

jeune sait que ses choix et ses buts peuvent mener à des réussites, il envisage plus positivement son entrée dans la vie adulte.

- **Il poussera ses parents à développer leur propre envie d'entreprendre.** Là encore, à travers des buts de l'enfant qui peuvent impliquer le parent, l'enfant et le parent vont *grandir ensemble.*

Nous voici arrivés à la fin de cette deuxième partie, en explorant les différents sentiments à développer chez l'enfant pour lui permettre d'avoir une bonne estime de soi.

En résumé, pour avoir de bonnes chances de développer l'estime de soi de son enfant, est-ce si difficile et si compliqué ? Si le parent :

- élève avec amour et respect son enfant ;
- l'accepte tel qu'il est (et non tel qu'il voudrait qu'il soit) ;
- lui fournit un cadre, une structure de règles raisonnables et appropriées dans lesquelles il pourra grandir ;
- ne le déstabilise pas avec des contradictions ;
- ne le traite pas avec ridicule, humiliation, ou agressions physiques lorsqu'il fait des erreurs, ou pour le contrôler ;

l'enfant aura de bonnes chances de posséder les fondations d'une estime de soi en bonne santé.

Mais cela ne suffit pas forcément. Il y a des personnes qui semblent avoir été élevées d'une manière superbe, selon les principes indiqués ci-dessus, et qui ont cependant une mauvaise estime de soi. Et d'autres personnes qui ont été élevées dans des conditions très difficiles, avec des parents qui faisaient tout de travers, et qui cependant marchent bien à l'école, ont ensuite des relations humaines et affectives satisfaisantes, ont un sens puissant de leur valeur et de leur dignité, et qui répondent à tous les critères d'une bonne estime de soi. Ces enfants, qui vivent des enfances extrêmement difficiles, mettent au point une stratégie de survie particulière que l'on peut appeler la *stratégie du détachement* : cela ne consiste pas à se retirer de la réalité, mais plutôt à se désengager, de manière intuitive et bien calibrée, des aspects nocifs de leur famille et de leur environnement. Ils savent qu'une meilleure alternative existe quelque part, et qu'un jour, ils pourront la trouver.

Les parents « toxiques »

Concernant l'estime de soi de son enfant (et son éducation en général), aucun parent n'est parfait : tout parent fait des erreurs, des maladresses éducatives. Mais il y a certains parents « toxiques » (selon l'expression de l'Américain S. Forward), qui peuvent sévèrement altérer l'estime de soi de leur enfant.

On trouve chez ces parents certains comportements, comme :

- **le contrôle (parfois même lorsqu'il est devenu adulte) de tout ce qui concerne leur enfant, y compris son courrier, sa vie sentimentale, ses choix. Aucune autonomie n'est laissée à l'enfant, le chantage affectif est la norme (*« C'est pour ton bien »*) ;**
- **le refus de la réalité, et ils imposent ce refus à leur entourage familial : ils sont alcooliques, mais n'acceptent pas qu'on le remarque ; ils sont violents, mais justifient leur violence comme une valeur nécessaire ; ils sont malhonnêtes, mais refusent de l'admettre ; ils font des erreurs, et rejettent systématiquement la faute sur leur entourage ;**
- **la valorisation d'eux-mêmes par la dévalorisation des autres, en particulier de leurs enfants : en usant souvent d'ironie ou de sarcasmes, ils critiquent en permanence, relèvent systématiquement les erreurs, insistent sur les points faibles et les mauvaises performances, transforment les difficultés en échecs.**
- **ils abusent physiquement de l'enfant : agressivité, menaces corporelles, violences physiques, violences sexuelles, tout en culpabilisant l'enfant (*« C'est de ta faute » ; « Si tu me dénonces, j'irai en prison à cause de toi »*).**

Tous ces comportements, faut-il le préciser, altèrent sévèrement l'estime de soi de l'enfant.

Finalement, développer l'estime de soi de son enfant, on l'a bien compris, n'est pas fait que de recettes à appliquer par le parent. Comme le paysan avec la terre, on peut faire tout son possible pour préparer le terrain au mieux, sans jamais avoir la certitude d'une belle récolte.

Car il y a également d'autres facteurs externes qui peuvent influencer le développement de l'estime de soi de l'enfant, que nous explorerons plus loin.

Mais, quelles que soient ces influences extérieures, n'oublions pas que l'estime de soi est, fondamentalement, une démarche *intérieure* et *personnelle*, qui relève de la liberté individuelle. Nous portons la responsabilité de notre estime de soi.

PARTIE III

CLARIFIER SON PROPRE RAPPORT AVEC L'ESTIME DE SOI

CHAPITRE 8

LES FONDEMENTS DE L'ESTIME DE SOI DE L'ADULTE

Au programme

- Vivre avec conscience ce que nous vivons
- S'accepter soi-même
- S'accepter responsable
- Développer un sentiment d'assurance personnelle
- Vivre avec des buts réfléchis
- Vivre avec intégrité

Nous avons vu les différents sentiments qu'il est souhaitable de développer chez l'enfant pour construire son estime de soi :

- Se sentir en sécurité physique, émotionnelle et mentale.
- Développer un sentiment d'individualité et d'identité.
- Développer un sentiment d'affiliation et d'appartenance.
- Développer un sentiment d'être capable, d'avoir des capacités et des compétences, de pouvoir être efficace dans certaines de ses actions.
- Développer le sentiment d'avoir des buts et des responsabilités dans la vie.

Cela va se traduire chez l'adulte par des éléments clés, qui soutiendront le développement de son estime de soi durant toute sa vie. Explorons un peu ces piliers de l'estime de soi.

Les éléments clés de l'estime de soi de l'adulte

Selon des chercheurs[1], l'estime de soi de l'être humain adulte semble s'appuyer sur six éléments clés :

1. Vivre avec conscience ce que nous vivons
2. S'accepter soi-même

1. En particulier Nathaniel Branden, voir bibliographie en fin de livre.

3. S'accepter responsable

4. Développer un sentiment d'assurance personnelle

5. Vivre avec des buts réfléchis

6. Vivre avec intégrité

1. Vivre avec conscience ce que nous vivons

Dans pratiquement toutes les traditions philosophiques et spirituelles, nous trouvons cette idée que la plupart des êtres humains vivent comme des somnambules pendant toute leur existence, qu'ils n'ont pas la claire conscience de ce qu'ils vivent, et qu'ils conduisent leur vie comme dans un brouillard mental.

Vivre avec conscience n'est pas une affaire d'intelligence : cela signifie rechercher à être attentif à tout ce qui dirige nos actions, à être au clair avec nos buts et nos valeurs, tout en utilisant au mieux nos capacités, quelles qu'elles soient, et en nous conduisant en accord avec ce que nous voyons et ce que nous savons, c'est-à-dire en acceptant la *réalité* : la réalité de notre monde intérieur (besoins, désirs, émotions) autant que la réalité du monde extérieur.

Voici quelques éléments pratiques nous permettant de mieux vivre avec conscience :

- **Être présent à ce que nous faisons**, que cela soit marcher dans la rue, écouter un client mécontent, faire la cuisine, conduire une voiture ou jouer avec un enfant.
- **Être capable de discerner entre les faits, les interprétations et les émotions**. Par exemple un fait (*mon enfant n'est pas rentré de l'école à l'heure habituelle...*) peut se transformer en interprétation (*...donc il lui est arrivé quelque chose de grave...*) et en émotion (*... et j'imagine le pire*).
- **Accepter de pouvoir avoir tort**. Vivre avec conscience implique que notre première loyauté est pour la vérité, et non de penser que nous avons raison. Nous pouvons toujours nous tromper, croire en des

idées erronées, faire des erreurs. Mais le fait de vivre avec conscience nous permettra de tirer parti de ces erreurs – et d'avancer.

- **Apprendre à s'observer, sans se juger**. Prendre du recul par rapport à nous-même, comme un observateur extérieur, permet de mieux comprendre ce qui nous met en action, de prendre conscience de notre état (comme la fatigue, la colère, la joie, la jalousie) afin d'en être moins esclave.
- **Développer notre connaissance de nous-même**, notre « intelligence intrapersonnelle ». Connaître nos manières de fonctionner, nos forces et nos faiblesses, nos besoins, nos sentiments, nos aspirations, nous permet de ne pas être un étranger ou un mystère pour nous-même.
- **Tirer les leçons des difficultés et des échecs**. Lorsque nous rencontrons des difficultés ou vivons des échecs, il est important de rechercher les causes de ces difficultés ou de ces échecs, d'évaluer notre part de responsabilité et de modifier nos comportements en conséquence.
- **Continuer à apprendre, rester curieux et ouvert à la nouveauté**. Chercher aussi souvent que possible à apprendre et à découvrir des choses nouvelles permet de rester au mieux au contact avec la réalité. Par exemple, certaines opinions communément admises il y a vingt ans sont maintenant remises en cause : faute de le savoir, nous resterons ancrés dans notre manière erronée de penser.
- **Être conscient des valeurs qui nous guident et qui nous font agir**, être conscient de leurs racines afin de ne pas être dirigés par des valeurs que nous avons adoptées sans réfléchir ou sans les remettre en cause (comme celles imposées par nos parents pendant notre enfance). Par exemple, un homme peut être éduqué à déterminer sa valeur personnelle par son niveau de revenu ; une femme peut être éduquée à identifier sa valeur personnelle en fonction de l'homme qu'elle épouse, ou dans le fait d'avoir de nombreux enfants.
- **Vivre en cohérence**, être capable de remarquer le manque de cohérence entre nos souhaits et nos buts. Par exemple, prendre conscience que nous voulons améliorer notre santé physique, mais que nous ne faisons rien pour cela concrètement. S'il y a incohérence, soit nos actions, soit nos buts sont à repenser.

Vie avec conscience et univers virtuels

> **La fréquentation assidue – qui peut aller jusqu'à l'addiction – d'univers virtuels (jeux vidéo, séries télévisées, etc.) peut être un rejet de la réalité, un refus de vivre avec conscience et un frein à l'estime de soi.**

2. S'accepter soi-même

On ne peut pas être vraiment soi-même, on ne peut pas construire son estime de soi si l'on ne s'accepte pas soi-même.

S'accepter soi-même, c'est une sorte d'égoïsme naturel basé sur le droit fondamental à être, à exister et à vivre, avec ses talents et ses défauts, ses forces et ses faiblesses, ses handicaps et ses capacités.

S'accepter soi-même ne signifie pas une justification et une approbation de tous nos actes et nos comportements, comme si c'était une fatalité (par exemple : « *Je te frappe parce que je suis fondamentalement méchant, c'est ma nature d'être comme ça* ») ; c'est être capable de se dire : « *J'accepte le fait que je suis violent* » pour permettre un changement.

Prendre conscience (premier élément clé de l'estime de soi) et *accepter ce que nous sommes* (deuxième élément clé) sont les conditions essentielles d'un changement.

Peut-être en lisant ce livre aurez-vous tendance à vous juger (« *J'ai moi-même une mauvaise estime de soi, je n'arriverai jamais à être un bon parent* »). Le fait de vous accepter tel que vous êtes, sans jugement moral, est une condition essentielle pour pouvoir évoluer et changer.

Voici quelques éléments pratiques pour s'accepter soi-même :

- **Accepter son corps**, ses caractéristiques physiques, le fait d'être homme ou femme.
- **Accepter ses émotions**, même si elles ne sont pas conformes à ce que l'on croit être de « bonnes émotions ». Par exemple, accepter le fait d'être en colère, ou d'être jaloux : cette acceptation – et cette

prise de conscience – permettent de prendre de la distance avec ces émotions et permettent de les faire évoluer positivement.

- **Accepter ses peurs, ses craintes**. Tenter de comprendre quelles en sont les racines.
- **Accepter son ignorance**, ses limites, ses faiblesses.
- **Accepter ses forces**, ses talents, ses compétences, à leur juste niveau (qui peut être élevé).
- **Accepter ses difficultés à entrer en relation avec les autres**. Tenter d'en comprendre les racines.
- **Accepter son désir d'être aimé**, comme un désir naturel.
- **Accepter sa sexualité**, ses difficultés, ses plaisirs et ses joies.
- **Accepter ses moments de bonheur** et de félicité, sans vouloir les réfréner ou les minimiser, sans regretter qu'ils ne soient pas permanents.
- **Accepter sa forme de spiritualité**, etc.

Accepter les autres

C'est un corollaire du fait de s'accepter soi-même : il est bien difficile de s'accepter soi-même si nous n'acceptons pas les autres ; il est bien difficile d'accepter le fait d'être unique si nous n'acceptons pas que les autres soient uniques, comme nous, et que nous leur devons le même respect que nous voulons nous accorder à nous-même. De plus, nous vivons dans un monde social où il nous faut vivre ensemble, du mieux possible. Lorsque l'on rejette les autres, on s'enferme dans son monde intérieur, l'estime de soi devient plus difficile.

3. S'accepter responsable

Pour se sentir compétent dans sa vie et capable de bonheur, on a besoin d'avoir le sentiment de contrôler son existence, d'être responsable de ses actes et des buts que l'on se donne.

Ce sentiment de responsabilité est essentiel pour l'estime de soi, et c'est aussi une conséquence (ou une manifestation de l'estime de soi). Cela signifie que notre vie est entre nos mains.

Voici quelques éléments pratiques pour s'accepter responsable :

- **Définir des buts personnels qui ne soient pas imposés**, par exemple l'amélioration de sa santé physique.
- **Être responsable de ses choix et de ses actions**, par exemple le choix d'un métier, de ses amis, d'un conjoint, ou l'équilibre entre vie professionnelle et vie personnelle.
- **Accepter ou choisir librement les valeurs qui nous font vivre** – et pas forcément celles transmises, inculquées ou imposées par nos parents dans notre enfance, ou celles véhiculées par la société.
- **Être responsable de ses conduites et de ses comportements** envers les autres : collègues, associés, clients, conjoint, enfants, amis.
- **Accepter ses erreurs**, en accepter les conséquences et les corriger.
- **Être responsable du niveau de conscience** que nous apportons dans tous les aspects de notre vie, etc.

Il est relativement facile d'observer la différence entre ceux qui s'acceptent responsables et ceux qui ne pratiquent pas cette démarche.

Lorsqu'il y a un problème, les personnes qui s'acceptent responsables vont se demander : « *Que puis-je faire ? Quelle action puis-je entreprendre ?* »

Si quelque chose ne va pas, ces personnes vont se demander : « *Pourquoi me suis-je trompé ?* » ; « *Comment puis-je corriger la situation ?* ».

Les personnes qui ne s'acceptent pas responsables auront tendance à dire : « *C'est la fatalité, on n'y peut rien* » ; « *C'est la vie !* » ou bien : « *Ce n'est pas mon affaire* », ou « *C'est la faute à...* » ou « *J'ai obéi aux ordres* » ou « *Personne ne m'a dit de le faire* ».

4. Développer un sentiment d'assurance personnelle

Souvent, pendant l'enfance, on nous a fait comprendre que ce qui est important, c'est ce que les autres veulent – et cette acceptation peut se prolonger à l'âge adulte. Affirmer ce que nous voulons, ce qui nous motive ou ce pour quoi nous nous battons demandera de remettre en cause cet asservissement à une volonté autre que la nôtre. Cela demande une prise de conscience, et souvent du courage.

Inversement, accepter ce que les autres veulent, se sacrifier aux désirs des autres sera souvent beaucoup plus facile – mais ne développe pas l'estime de soi.

Ainsi, au quotidien, avoir un sentiment d'assurance personnelle va signifier de vivre et d'assumer ouvertement ses valeurs et ses besoins. Le contraire de ce sentiment d'assurance sera d'éviter la confrontation avec les personnes qui ont des valeurs différentes des siennes ou bien de calquer ses comportements sur ceux des autres.

L'assertivité, ou l'art de rechercher le juste équilibre

L'assertivité (substantif dérivé du mot anglais *assertiveness*) est la capacité à s'exprimer et à défendre ses droits sans empiéter sur ceux des autres. Elle correspond à une attitude de fermeté, de « force tranquille », qui est le refus de l'acceptation passive autant que de l'agressivité.

Voici quelques éléments pratiques pour développer un sentiment d'assurance personnelle :

- **Exprimer et vivre son droit à exister tel que l'on est.** C'est la manifestation publique que notre vie n'appartient pas aux autres, et que nous n'avons pas à vivre selon les attentes des autres.
- **Vivre avec authenticité.** Il s'agit d'accepter ouvertement ce que l'on est : ses sentiments et ses besoins ; ses caractéristiques physiques (« *Je suis petit, et je l'accepte* »), son sexe (« *Je suis une femme, et je vis ma féminité* »), sa sexualité (« *Je suis homosexuel, et je ne m'en cache pas* »), sa religion (« *Je suis musulman, et je vis ma religion* »), sa manière de vivre ou de s'alimenter (« *J'adore manger de la viande* »), etc.
- **Exprimer ouvertement ses valeurs, ses choix et ses convictions sans vouloir ni les imposer ni convaincre.** Par exemple : aimer avoir le dernier cri de la technologie ; chercher à vivre selon une « sobriété heureuse », refuser la consommation à tout prix ; participer activement à des réseaux sociaux ; être communiste.

Là encore, avoir un sentiment d'assurance personnelle ne justifie pas tous nos actes. Cette assurance personnelle doit rester dans les limites acceptables de la vie en société et des règles qui la gèrent.

L'assurance personnelle doit également faire attention au contexte, elle ne s'exprime pas de la même manière en jouant avec un enfant ou dans une réunion de direction : il s'agit de rester soi-même authentique en toutes circonstances, tout en respectant les différences.

Ce sentiment d'assurance personnelle nécessite la capacité à savoir dire *non* – mais trouve sa vraie valeur non pas lorsque nous sommes *contre*, mais dans l'expression de ce pourquoi nous sommes *pour*.

5. Vivre avec des buts réfléchis

Vivre notre vie sans nous fixer nous-même des buts, c'est vivre au hasard de la chance : un événement imprévu, un coup de téléphone, une rencontre fortuite. Des forces extérieures nous ballottent comme un bouchon sur l'eau, sans aucune initiative personnelle, et nous suivons un chemin que nous n'avons ni défini, ni choisi.

Vivre avec des buts réfléchis, c'est utiliser nos capacités pour diriger notre vie :

- d'abord pour atteindre les buts que nous avons choisis : le but d'étudier, de faire tel métier, de fonder une famille, d'élever des enfants, de réussir dans son travail, de résoudre un problème scientifique, d'acheter une maison, de réussir une relation amoureuse ;
- et puis aussi pour tirer parti au mieux de cet événement imprévu, de cette rencontre improbable, de ce coup de téléphone inattendu, pour ne pas « laisser passer notre chance ».

Voici quelques éléments pratiques pour développer ce sentiment de vivre avec des buts réfléchis :

- **Développer notre capacité à l'autodiscipline.** C'est cette capacité à organiser par nous-même notre conduite et nos actions afin d'atteindre un but : par exemple, si l'on veut réussir dans son travail, il faut accepter de travailler à un niveau suffisant ; si un jeune souhaite devenir médecin ou charpentier, il doit régulièrement aller à l'école ou à l'atelier.
- **Développer notre capacité à nous projeter dans le futur.** Cela nécessite d'accepter de repousser une gratification immédiate au service d'un but plus lointain. Pour nous projeter dans le futur, nous pouvons nous poser des questions telles que :
  - *Qu'est-ce que je veux être dans cinq, dix ou vingt ans ?*
  - *Qu'est-ce que je veux accomplir professionnellement ?*
  - *Quels sont mes souhaits pour développer mes relations personnelles ?*

- *Comment est-ce que je vois ma vie affective ? Si je souhaite me marier, pourquoi ?*
- *Concernant mes enfants, quels sont mes buts ? Qu'ils s'épanouissent avant tout ? Qu'ils réussissent leur parcours scolaire avant tout ?*
- *Si j'ai des aspirations intellectuelles et spirituelles, quelles sont-elles ?*
- *Est-ce que mes buts sont clairs, ou bien vagues et indéfinissables ?*

- **Faire en sorte que nos conduites soient en cohérence avec nos buts.** Rien ne sert de courir après un but si nos conduites et nos comportements sont en contradiction avec ce but. Par exemple, on ne peut pas courir un marathon sans s'entraîner et avoir une bonne hygiène de vie ; on ne peut pas souhaiter avoir des relations sociales ou affectives riches en restant enfermé dans son monde ou dans son travail.
- **Prendre conscience des résultats de nos actions,** pour savoir si elles conduisent vers là où nous voulons aller. Atteindre un but est avant tout un chemin, une histoire qui va se dérouler dans le temps. Il est important de prendre conscience si nous sommes sur le bon chemin, celui qui nous convient, celui que nous voulons vraiment.
- **Préciser nos buts.** C'est possible avec des questions telles que :
  - *Qu'est-ce que j'essaye de réaliser, quel est mon but dans telle action ?*
  - *Comment vais-je m'y prendre pour réaliser cela ? Quelles actions sont nécessaires ?*
  - *Quelles sont les raisons qui justifient que cette manière de faire est bien appropriée ?*
  - *Quels sont les avis autour de moi, concernant cette décision, ce but ?*
  - *Quelles informations complémentaires me seraient nécessaires pour réaliser ce but ?*
  - *Quels buts intermédiaires pourrais-je me donner ?*
  - *Est-ce que mes buts actuels ont besoin d'être repensés ?*

Ici, l'essentiel n'est pas d'atteindre des buts, c'est la démarche interne qui rend possible leur accomplissement : nous n'atteindrons peut-être jamais certains buts que nous nous sommes fixés, mais notre démarche intérieure de viser ces buts nous fait avancer.

Et dans cette projection vers l'avenir, il est essentiel – mais sans doute difficile dans une époque qui privilégie le plaisir immédiat et la consommation compulsive – de connaître l'importance de la récompense différée, de comprendre que la recherche d'un but se construit dans le temps et la constance. En tant que parent ou enseignant, il faudra impérativement l'apprendre à l'enfant – tout en le vivant soi-même.

6. Vivre avec intégrité

L'intégrité personnelle, c'est vivre en cohérence notre vie : mettre en accord ce que nous sommes, nos valeurs, nos convictions et nos croyances, avec nos conduites et nos actions.

Si nous vivons un conflit intérieur entre ce que nous faisons et ce que nous pensons ou croyons, nous perdons la face à nos propres yeux, nous nous respectons moins et notre estime de soi diminue.

Vivre une intégrité personnelle, nous le savons, est souvent difficile, tant nous acceptons couramment les petites compromissions entre nos valeurs et nos actes : « Je fais ce que je ne veux pas, et je ne fais pas ce que je veux. »

L'une des conséquences d'une faible intégrité personnelle est l'hypocrisie, si répandue à notre époque qu'elle en devient banalisée – à moins de considérer l'hypocrisie comme une valeur. Voici quelques exemples d'hypocrisie ordinaire que l'on rencontre chez soi ou dans la vie de tous les jours.

- Je fais de grands discours sur l'honnêteté à mes enfants et je mens à mes amis, à mes voisins, au percepteur.
- Je suis indigné lorsque des personnes ne tiennent pas parole (par exemple les hommes politiques) mais il m'arrive de ne pas tenir la mienne.
- Je prétends m'intéresser aux idées de mes collègues alors que j'ai déjà pris ma décision.

- J'assure mon conjoint de ma fidélité tout en m'intéressant d'un peu trop près à tel homme ou telle femme qui passe à proximité.
- Je demande un feed-back honnête, et je pénalise l'employé qui m'a critiqué.
- Je demande des sacrifices aux autres dans les moments difficiles, et je m'accorde un énorme bonus.
- (ajoutez les vôtres)

Bien entendu nous savons en général très bien justifier notre hypocrisie, produire tous les arguments nécessaires. Mais, en perdant notre intégrité profonde, nous affaiblissons notre estime de soi.

Pour développer ce sentiment d'intégrité personnelle, voici quelques questions que nous pouvons nous poser – sans hypocrisie !

- *Qu'est-ce qui rend difficile l'intégrité ?*
- *Est-ce que je suis honnête ? ou : Avec qui suis-je honnête, et avec qui le suis-je moins ?*
- *Dans quels domaines il me semble difficile d'être intègre ? Pourquoi ?*
- *Dans quels domaines il me semblerait important d'être plus intègre ?*
- *Est-ce que l'on peut compter sur moi ? Est-ce que je tiens mes promesses ?*
- *Est-ce que je fais ce que je dis ?*
- *Est-ce que je mens souvent ?*
- *Est-ce que je suis juste envers les autres ?*
- *Est-ce que je me sens responsable des erreurs que je fais vis-à-vis des autres ?*

L'intégrité ne garantit pas que nous ferons toujours le meilleur choix : ce qui est vraiment important c'est le fait que notre choix soit authentique, conscient, et qu'il soit relié à notre personne profonde.

Dans certains cas, notre intégrité personnelle sera confrontée à des choix difficiles : par exemple lorsque la parole donnée s'oppose à une action que nous estimons juste ; ou lorsque nous sommes pris dans une situation où aucune des alternatives possibles n'est en accord avec notre conviction profonde ; ou encore lorsque notre religion nous interdit certaines pratiques qui s'imposent à nous (comme l'avortement par exemple).

Et si l'intégrité est une composante de l'estime de soi, elle est également *l'expression* de l'estime de soi. On reconnaît souvent une personne ayant une forte estime de soi à son intégrité.

Maintenant, allons un peu plus loin : voyons comment vivre au quotidien, dans notre vie d'adulte, cette estime de soi que nous souhaitons développer chez notre enfant. Faisons cela avec bonhomie : pas question de mettre en péril notre estime de soi d'aujourd'hui sous prétexte de vouloir en avoir une plus forte demain !

CHAPITRE 9

VIVRE AU QUOTIDIEN L'ESTIME DE SOI

Au programme

- Revenir sur sa propre enfance, pour mieux aider son enfant
- Un petit exercice surprise

En tant qu'adulte, nous ne pouvons pas renier notre histoire, nous ne pouvons pas revivre notre enfance avec des parents différents, dans un contexte différent ou dans une culture différente. Cependant, nous pouvons nous poser la question : *Que puis-je faire aujourd'hui pour continuer à construire et renforcer mon niveau d'estime de soi ?* Car l'estime de soi n'est jamais figée, elle peut continuer à se construire toute la vie – ou se dégrader. C'est une question de responsabilité personnelle, et non de fatalité tombée de l'extérieur.

Vivre l'estime de soi au quotidien est important pour deux raisons :

- d'abord pour nous-même, pour rendre notre vie plus riche, plus consciente, pour vivre « à hauteur d'homme » ;
- ensuite pour nos enfants, pour les aider à développer cette estime de soi qui marquera toute leur vie. Nous devons devenir ce que nous souhaitons transmettre. Connaissez-vous l'histoire du gourou et du petit enfant ?

Le gourou et le petit enfant

En Inde, lorsque les parents ont un problème avec un enfant, ils ne l'emmènent pas chez le psychothérapeute (d'ailleurs difficile à trouver), ils vont voir le gourou près de chez eux. Et il y en avait un, dans un petit village, qui avait la réputation d'être sage et avait fréquemment aidé les familles dans leur rapport avec leurs enfants.

Un jour, un père et une mère vinrent le voir avec leur petit garçon de 9 ans. Le père dit au gourou : « *Maître, notre enfant est un merveilleux petit garçon et nous l'aimons beaucoup. Mais il a un grave problème : il mange trop de bonbons,*

ce qui est mauvais pour ses dents et pour sa santé. Nous avons essayé de le lui expliquer, de le raisonner, de le punir : rien n'y fait. Il continue à manger de grandes quantités de bonbons. Pouvez-vous nous aider ? »

À la surprise des deux parents, le gourou leur répondit simplement : « *Revenez dans deux semaines.* » Comme on ne discute pas avec un gourou, les parents repartirent.

Deux semaines plus tard, les parents étaient de retour avec leur enfant. Le gourou dit alors au petit garçon : « *Mon enfant, il faut manger moins de bonbons.* »

Le père, étonné, demanda au gourou : « *Mais pourquoi ne pas lui avoir dit cela il y a deux semaines, lorsque nous sommes venus vous voir pour la première fois ?* »

Le gourou répondit : « *Moi aussi, j'ai tendance à manger trop de bonbons. J'avais besoin de deux semaines pour résoudre ce problème personnel, pour en manger moins, avant de pouvoir parler à votre enfant.* »

Revenir sur sa propre enfance, pour mieux aider son enfant

Les psychothérapeutes pour adultes, nous l'avons dit plus haut, considèrent que la plupart des problèmes qui s'expriment dans leurs cabinets ont pour cause une estime de soi dégradée dans l'enfance et l'adolescence. Nul doute que l'éducation que nous avons reçue a pu favoriser chez nous le meilleur ou le pire, a pu nous construire harmonieusement ou faire des ravages :

- apprentissage du respect de l'autre et de soi-même, obéissance naturelle aux règles de la vie en société, fondement de sa vie sur des valeurs universelles, développement d'un sentiment d'identité fort et solide ;
- ou bien victime d'autoritarisme, de sanctions corporelles, de chantages affectifs, avec des références à des valeurs douteuses…

Voici quelques questions pour vous aider à revenir sur votre propre enfance, en relation avec le développement de votre estime de soi.

Cet exercice a un petit côté « psychanalyse sauvage » : il est donc à consommer avec modération, un certain humour, et une pointe de détachement. Il ne s'agit pas de juger nos parents, d'avoir des regrets stériles ou de s'enfoncer dans une déprime molle : il s'agit simplement de prendre conscience de ce qui nous a marqué dans notre enfance, positivement ou négativement, afin de favoriser chez nos enfants le développement d'une saine estime de soi.

Vous pouvez également faire participer votre conjoint à cet exercice, vos frères et sœurs, vos grands enfants devenus adolescents ou adultes : cela permettra d'ouvrir une riche discussion et une réflexion plus approfondie. Car, rappelons-le, l'estime de soi se fonde et s'entretient au quotidien, sans remèdes miracles, mais avec beaucoup d'attention, d'affection et de réflexion sur ce que l'on a soi-même vécu.

- **Le sentiment de sécurité.** Lorsque vous étiez enfant, aviez-vous le sentiment que votre famille était un lieu sûr, un refuge en cas de difficultés ? Ou bien un lieu plein de tensions et de stress, où vous deviez en permanence être sur vos gardes ?
- **La cohérence du monde.** Est-ce que la manière de se comporter de vos parents vous donnait l'impression que vous viviez dans un monde rationnel, prévisible, compréhensible ? Ou bien dans un monde plein de contradictions, déroutant, imprévisible ? Avez-vous le sentiment que des faits évidents (comme le handicap, la maladie, le chômage, la mort) étaient reconnus comme tels, ou bien évités et niés ?
- **Développer son intelligence.** Est-ce que vos parents ont stimulé de manières variées votre intelligence ? Vous ont-ils fait comprendre qu'utiliser votre esprit peut être une aventure passionnante ?
- **Développer son indépendance d'esprit.** Est-ce que vos parents vous encourageaient à penser d'une manière indépendante, à développer votre esprit critique, à penser par vous-même ? Ou étiez-vous encouragé à être essentiellement obéissant ?
- **Expliquer plutôt qu'imposer.** Quand vos parents voulaient que vous fassiez quelque chose, faisaient-ils appel à votre compréhension, en vous donnant des raisons si possible appropriées ? Ou bien est-ce qu'ils vous disaient : *« C'est comme cela parce que je te dis de le faire »* ?

- **Pouvoir exprimer ses opinions.** Est-ce que vous vous sentiez libre d'exprimer vos opinions ouvertement, sans crainte de punition, de critique ou de moqueries ?
- **L'expression de ses sentiments, ses désirs et ses pensées.** Est-ce que vos parents répondaient en général à l'expression de vos sentiments, de vos émotions ou de vos désirs par de l'écoute et du respect ? Ou bien vous faisaient-ils comprendre que l'expression de vos sentiments n'était pas appropriée ? Ou y répondaient-ils par de la moquerie, du sarcasme, de l'humour méchant ?
- **Être visible.** Aviez-vous le sentiment d'être visible aux yeux de vos parents ? Est-ce qu'ils semblaient s'intéresser à vous en tant que personne à part entière, d'une manière authentique ? Ou bien aviez-vous le sentiment qu'ils étaient indifférents à votre présence et à votre existence, que vous faisiez partie des meubles ou des bibelots ?
- **Le sentiment d'être aimé et valorisé.** Est-ce que vous vous sentiez aimé et valorisé par vos parents ? Ou vous sentiez-vous non voulu, encombrant, presque comme un fardeau ?
- **Être traité avec justice.** Aviez-vous le sentiment que vos parents vous traitaient avec justice ? Est-ce que vous étiez ouvertement apprécié lorsque vous faisiez des choses bien, ou uniquement critiqué lorsque vous faisiez des choses mal ?
- **L'usage de la menace et des châtiments corporels.** Est-ce que vos parents utilisaient des punitions corporelles (ou des menaces de punitions corporelles) ? Est-ce que la menace de punitions ou de châtiments était intentionnellement utilisée envers vous en tant que moyen de manipulation et de contrôle ?
- **Le sentiment d'être une cause de bonheur ou de déception.** Est-ce que vous aviez le sentiment que vos parents étaient de votre côté, qu'ils mettaient en valeur le meilleur de vous-même ? Ou bien qu'ils vous considéraient comme sans valeur, médiocre, stupide et incompétent, comme une cause de déception ?
- **Des attentes au-delà des capacités**. Est-ce que vous étiez confronté à des attentes et à des demandes de vos parents qui vous submergeaient, qui étaient au-delà de vos capacités, qui renforçaient votre sentiment d'être incompétent ?

- **L'instillation d'un sentiment de culpabilité.** Est-ce que vos parents créaient et entretenaient chez vous un sentiment de culpabilité ? Est-ce que vous étiez implicitement ou explicitement encouragé à vous considérer comme mauvais ?
- **Respect de l'espace privé.** Est-ce que vos parents respectaient votre espace privé physique, affectif et intellectuel ? Est-ce que votre dignité était respectée ?
- **Considération pour l'estime de soi.** Est-ce que l'estime de soi était considérée par vos parents comme une valeur, est-ce qu'elle était encouragée à se développer ? Ou bien est-ce que vous étiez toujours encouragé à être humble, à ne jamais rien mettre de vous-même en avant, à bien obéir sans discuter ni comprendre ?
- **Plaisir à vivre dans le monde et avec les autres.** Est-ce que vos parents vous transmettaient l'impression que la vie pouvait être une aventure passionnante, pleine de défis à relever ? Ou est-ce que vos parents ont instillé en vous la crainte du monde et la crainte des autres ?
- **Réaction aux erreurs.** Est-ce que vos erreurs étaient acceptées comme normales lorsque vous appreniez ou faisiez quelque chose ? Ou bien étaient-elles traitées par le ridicule, la punition, le mépris ? Étiez-vous encouragé à expérimenter sans crainte de nouvelles situations et de nouveaux apprentissages ?
- **Réaction aux résultats scolaires.** Est-ce que vos parents donnaient une importance cruciale à votre réussite scolaire et à vos notes à l'école ? Est-ce qu'ils avaient tendance à vous juger uniquement à travers vos résultats scolaires ? Ou bien est-ce qu'ils relativisaient vos mauvaises notes et gardaient leur confiance en vous ?
- **Acceptation du sexe.** Est-ce que vous aviez le sentiment que vos parents faisaient en sorte de développer harmonieusement votre côté garçon ou fille, ou bien faisaient-ils en sorte de le nier ou de le critiquer ?
- **Relation à la sexualité.** Est-ce que vos parents vous ont encouragé à avoir une attitude positive et saine concernant votre propre corps et la sexualité ? Ou bien avaient-ils une attitude négative, considérant tout ce qui concernait le corps et la sexualité comme « sale » ? Ou

faisaient-ils comme si cela n'existait pas ? Est-ce que vous aviez le sentiment que vous étiez soutenu par vos parents d'une manière heureuse et positive pour découvrir votre corps et votre sexualité en évolution ?

- **Vivre soi-même.** Est-ce que vos parents vous encourageaient à ressentir que votre vie vous appartenait ? Ou bien vous encourageaient-ils à croire que vous étiez simplement une partie d'une famille, et que votre seule raison d'être était de leur apporter de la fierté et de la gloire ? Étiez-vous traité uniquement comme une ressource familiale ? Étiez-vous encouragé à penser que votre but n'était pas de vivre selon les attentes des autres, mais de vivre votre propre vie ?

Un petit exercice surprise

Nous avons souvent tendance à mal évaluer notre estime de soi. Voici un petit exercice qui pourra vous faire réfléchir sur ce point. Vous pouvez également l'utiliser avec votre enfant ou votre adolescent, votre conjoint ou un ami.

Suivez le processus dans l'ordre (sans lire directement toutes les consignes) :

- Prenez une feuille de papier et de quoi écrire.
- Écrivez le nom d'une personne que vous admirez. Cela peut être une personne réelle ou imaginaire (romans, films, BD...), vivante ou décédée, très connue ou inconnue.
- Cette personne que vous admirez doit avoir des qualités : écrivez-les en dessous de son nom. Faites en sorte de dresser une liste aussi longue que possible.
- Revenez en haut de la page, et écrivez votre prénom à côté du nom de la personne que vous avez choisie.
- Regardez votre prénom, et la liste des qualités qui sont écrites en dessous : quelle est votre réaction, quels sont vos sentiments ?

Note du psychologue : On ne peut admirer chez quelqu'un que des qualités que l'on a déjà en soi.

PARTIE IV

L'ESTIME DE SOI, RELATIONS ET INFLUENCES

CHAPITRE 10

ÉCOLE ET ESTIME DE SOI

Au programme

- Quels sont les buts premiers de l'éducation ?
- L'école, un lieu où peut se renforcer ou se détruire l'estime de soi
- L'importance de l'école pour la construction de l'estime de soi
- Apprentissage et estime de soi
- L'individualité cognitive
- Estime de soi et échec scolaire
- L'estime de soi de l'enseignant

L'école[1], c'est une évidence, joue un rôle considérable dans le développement de l'estime de soi de l'enfant, car il va y être confronté à tous les éléments clés de la construction de l'estime de soi que nous avons explorés précédemment :

- Se sentir en sécurité, physique autant qu'émotionnelle et mentale.
- Savoir que l'on est apprécié en tant qu'individu.
- Avoir le sentiment d'appartenir à un groupe.
- Développer un sentiment de compétence.
- Avoir des buts, développer son sens de la responsabilité.

Pourtant, nous constatons que ces éléments ne sont pas toujours suffisamment développés dans le système scolaire, que trop d'enfants vont à l'école chaque jour avec un niveau d'estime de soi moins qu'acceptable, ce qui se manifeste à travers leurs attitudes, leurs comportements et leurs préoccupations – et celles de leurs parents ! Et l'école ne peut ni rejeter ni refuser le rôle crucial qu'elle joue dans le développement de l'estime de soi des enfants.

Négliger à l'école les éléments qui permettent à l'enfant de construire son estime de soi est la cause souvent directe de comportements destructeurs, pour soi comme pour la société. Au contraire, aider l'enfant à développer une bonne estime de soi peut permettre de prévenir de multiples problèmes chez les jeunes : décrochage scolaire, difficultés

1. Ainsi que d'autres lieux qui vont accueillir l'enfant, comme les crèches, les garderies, les centres de loisirs, les mouvements de jeunesse.

d'apprentissage, délinquance, abus de drogues et d'alcool, suicide, etc. Au-delà de l'intuition générale que l'école devrait jouer un rôle capital sur ce sujet, ouvrons quelques pistes de réflexion.

Quels sont les buts premiers de l'éducation ?

Les enfants, sortis de la prime enfance, entrent dans le cadre de « l'éducation nationale ». Quels sont les buts de cette « éducation » qui est prise en charge par l'État ? Les réponses divergent, bien entendu.

Il n'y a pas si longtemps, éduquer un enfant, c'était le transformer en citoyen obéissant. Ainsi, il ne s'agissait pas de mettre l'accent sur la responsabilité et l'autonomie, d'encourager la pensée indépendante, mais de l'obliger à suivre des règles parfois discutables (comme rester en silence et sans bouger pendant de longues périodes), de mémoriser un corpus de connaissances imposées (quels que soient les compétences et les intérêts de l'enfant), d'apprendre selon une manière identique pour tous (celle de l'enseignant, ou celle imposée par le système). L'enfant était soumis à une évaluation permanente. À travers ce processus, il apprenait l'obéissance à l'autorité.

Clairement, dans cette manière d'éduquer les enfants à devenir des citoyens obéissants, le développement et le renforcement de l'estime de soi avait peu de place. Et s'il ne « jouait pas le jeu », l'enfant ou le jeune était exclu du système ; et alors, malheur à lui ! L'école avait ainsi tendance à former des conformistes et des individus stéréotypés, plutôt que des penseurs originaux et créatifs. Beaucoup de brillants esprits ont décrit leur expérience terrible à l'école, leur ennui, leur manque de stimulation intellectuelle appropriée.

Même si, depuis ces temps éloignés, l'école a évolué et affiche une volonté d'éduquer à l'autonomie et à la responsabilité, avouons qu'il reste encore de nos jours quelques solides traces de ce système d'éducation publique.

L'école doit s'adapter et évoluer, c'est une évidence, mais une évidence mal admise, tant la pesanteur du passé rend difficile d'imaginer cette autre école. Pourtant pour imaginer cette nouvelle école, les fondements d'une bonne estime de soi, tels que nous les avons décrits plus haut, peuvent servir de base solide à la réflexion. Ainsi la finalité de l'éducation devrait-elle être bien plus que la maîtrise d'un ensemble de connaissances que les enfants et les étudiants doivent régurgiter au moment des examens. L'école devrait permettre à l'enfant et à l'adolescent de développer toutes les composantes d'une saine estime de soi qui lui sera, peut-être plus que toute autre chose, essentielle pour vivre sa vie à peu près harmonieusement.

L'école, un lieu où peut se renforcer ou se détruire l'estime de soi

Entre le milieu familial de la petite enfance et le monde dans lequel va entrer le jeune adulte, l'école va donc jouer un rôle considérable concernant le développement de l'estime de soi, dans un sens comme dans l'autre :

- Elle pourra pallier des milieux familiaux mortifères, et donner une nouvelle chance à l'enfant ; elle pourra soutenir l'enfant curieux, dans sa découverte des infinies richesses de la connaissance humaine ; elle pourra aider l'enfant à s'intégrer dans un groupe différent de son milieu familial, l'aider à sortir de sa zone de confort ; elle pourra développer son sentiment de responsabilité.
- Mais pour certains enfants, l'école sera un lieu d'incarcération forcée et légale, entre les mains d'enseignants qui manquent parfois eux-mêmes grandement d'estime de soi et qui doivent s'adapter à un système qui autorise bien des dérives, avec des conséquences dramatiques. Ainsi l'école pourra casser, souvent durablement, une estime de soi naturelle qui a commencé à se développer chez l'enfant ; elle pourra créer chez lui la peur d'apprendre, pour l'avoir trop vécue en classe ; elle pourra détruire sa personnalité, en lui imposant des règles et des comportements inadaptés, et en le sanc-

tionnant pour toute déviation par rapport au modèle imposé ; elle pourra le dévaloriser, l'exclure ou l'isoler, le poussant à se réfugier dans des comportements d'enfermement ou de destruction.

On n'imagine pas toujours les conséquences dramatiques du comportement de certains enseignants, même si ces enseignants sont rares : ceux qui ne tirent pas les enfants vers le haut, mais qui les humilient ; qui ne parlent pas le langage de la courtoisie et du respect, mais du ridicule et du sarcasme ; qui vont flatter un élève au détriment d'un autre ; qui n'ont pas d'autres notions de l'autorité que la menace et la punition ; qui vont renforcer l'angoisse de l'enfant de faire des erreurs, et créer chez lui la peur d'apprendre ; qui ne motivent pas les enfants en offrant des buts et leur imposent l'obéissance à travers la crainte ; qui ne croient pas dans les possibilités de l'enfant et ne soulignent que ses limitations ; qui n'allument pas des feux dans les esprits, mais les éteignent. Ceux-là, outre le fait de casser l'estime de soi des enfants qui leur sont confiés, participent grandement aux phénomènes de décrochage scolaire.

En revanche, un enseignant qui développe la confiance d'un enfant dans ses compétences peut être un antidote puissant à un milieu familial où cette confiance manque. Un enseignant qui refuse d'accepter l'attitude négative d'un enfant envers lui-même peut, parfois, lui sauver la vie. En particulier pour des enfants qui vivent dans des milieux difficiles, l'école représente une seconde chance, une occasion de développer leur personnalité et d'avoir une meilleure vision de la vie que celle qui est offerte chez eux. Si l'école refuse à ces enfants et à ces jeunes cette deuxième chance, comment s'étonner qu'ils basculent dans des comportements destructeurs ?

L'importance de l'école pour la construction de l'estime de soi

Des recherches ont montré qu'il y a un fort lien entre l'estime de soi et la réussite scolaire, comment s'en étonner ? Un enfant qui se sent bien avec lui-même apprend plus vite, mieux, et a de meilleures chances de réussir à l'école ; il entre plus facilement et mieux en relation avec les autres. Inversement, une faible estime de soi risque d'entraîner l'enfant dans une spirale d'échec : à travers des difficultés à l'école, l'enfant pourra se juger médiocre, nul, pas intelligent, ce qui justifiera (pour lui) ses mauvais résultats et le fera finalement décrocher.

Bien entendu, on ne peut pas attendre de l'école qu'elle fournisse toutes les solutions à tous les problèmes de la vie des enfants. Mais des écoles – et des enseignants – prenant en compte les fondements d'une bonne estime de soi peuvent faire une énorme différence.

Cela devrait commencer le plus tôt possible, en maternelle (ce qui est assez courant), et se prolonger tout au long de la scolarité. Les ingrédients sont simples, finalement, et peuvent s'appliquer à toutes les étapes du système scolaire, jusqu'à l'université :

- **La sécurité.** Mettre l'enfant puis le jeune en sécurité physique (bien entendu), et également en sécurité émotionnelle et mentale, ce qui signifie en particulier :
  - que sa personnalité en construction ne soit pas malmenée, à travers des échecs permanents, des moqueries, des humiliations ;
  - que ses émotions, ses idées, ses opinions soient reçues (sans être forcément acceptées) ;
  - que ses différentes formes d'intelligence soient sollicitées régulièrement d'une manière stimulante, sans lui imposer des choix d'apprentissage qui ne lui conviennent pas.

- **L’identité.** Il s’agit de mettre en évidence les richesses propres de l’enfant, de lui faire comprendre qu’il est un être humain unique, ce qui signifie en particulier :

  - de ne pas confondre égalité et uniformité : l’école pour tous ne signifie pas que tous les enfants soient identiques ;
  - de savoir *différencier* les manières d’apprendre et d’enseigner ;
  - d’utiliser les compétences particulières de l’enfant et de s’appuyer sur elles.

- **L’appartenance.** Il s’agit de donner à l’enfant un sentiment d’appartenance à travers une vie de classe harmonieuse, et une école dont il puisse tirer une légitime fierté, ce qui signifie en particulier :

  - de créer des occasions permettant à tous les enfants de la classe d’apprendre à vivre ensemble ;
  - de donner à l’enfant des occasions de participer à la vie de la classe ;
  - d’apprendre aux enfants des outils de résolution des conflits ;
  - de créer une atmosphère d’école qui donne envie d’y venir tous les jours.

- **La compétence.** Tout au long de son parcours scolaire, il s’agit de développer chez l’enfant le sentiment qu’il a des capacités et des compétences, ce qui signifie en particulier :

  - de repérer ses forces, et de l’aider à combler ses faiblesses ;
  - de s’appuyer sur ses forces, et non de mettre l’accent systématiquement sur ses faiblesses ;
  - de lui donner des occasions fréquentes de réussir, en respectant sa vitesse de progression, et de souligner ses réussites ;
  - de l’inciter à développer ses compétences, même si elles sont hors du champ scolaire.

- **La responsabilité et les buts.** Il s'agira en particulier :
  - de lui proposer des buts motivants ;
  - de l'aider à prendre en charge son propre développement, en lui laissant des choix (et non en lui imposant en permanence ce qu'il doit faire, ce qu'il doit apprendre, comment il doit apprendre).

Finalement, rien de bien compliqué là-dedans, avec en prime le développement de l'estime de soi de l'enfant, et de bonnes chances que l'enfant devenu adulte ait...

- gardé le goût d'apprendre ;
- une vie à peu près équilibrée, responsable, respectueuse des autres et de la nature ;
- de bonnes relations humaines et affectives ;
- la capacité à réfléchir par lui-même sans être (trop) manipulé, à dire *non* sans violence, etc.

L'univers impitoyable de la cour de récré

La cour de récréation est un lieu où est souvent bannie la présence éducative de l'adulte, et où toutes les composantes de l'estime de soi sont mises à l'épreuve : conflits, alliances, amitiés, jalousies, violence, humiliation, exclusions, racket, échanges, comparaisons sociales... Dans la cour de récré, il y a les forts, les dominants, les débrouillards, et les passifs, les victimes, les dominés, les suiveurs. De bonnes notes en classe (qui peuvent renforcer l'estime de soi) se payeront parfois cher à la récréation. Et d'autres enfants, en difficulté dans la salle de classe, se construiront une estime de soi forte en étant des leaders à la récré.

Apprentissage et estime de soi

Pourquoi, pour apprendre, l'estime de soi est-elle essentielle ? Parce que l'une des conséquences de l'estime de soi, c'est la *confiance en soi*. Et comme apprendre, par essence, c'est aller du connu vers l'inconnu, d'endroits bien balisés vers des zones que l'on ne connaît pas encore, il y faut de la confiance en soi pour se lancer dans cette aventure.

Découvrir ce qui est inconnu peut être passionnant, stimulant et plaisant ; mais, lorsque l'on manque de confiance en soi, cela peut aussi faire peur, bloquer, angoisser – surtout lorsque l'on craint des conséquences désagréables en cas d'échec, lorsque notre personnalité risque d'être mise en jeu. Et là, l'école peut jouer un rôle destructeur : il est commun de voir des enfants entrer à l'école, en maternelle, avec une grande confiance en eux et une grande curiosité, et perdre très rapidement ce sentiment de confiance, développer la peur de l'école et la *peur d'apprendre*. De même que l'on ne laisse pas aller un enfant sans précaution ou sans surveillance dans un endroit potentiellement dangereux, on ne devrait pas mettre un enfant dans des contextes (en particulier d'apprentissage) dangereux pour sa personnalité encore fragile.

Et cette peur d'apprendre, il risquera de la conserver une fois adulte, ce qui est catastrophique : outre le fait de l'empêcher de s'intéresser à toutes les connaissances qui se présenteront à lui et de se lancer dans des apprentissages toute sa vie, cette peur d'apprendre va induire chez lui des comportements regrettables : pensées stéréotypées ; évitement de toute occasion de découvrir des choses ou des personnes nouvelles (« *Ça ne m'intéresse pas* », « *Je n'ai pas le temps* ») ; agressivité envers ceux qui semblent posséder la « connaissance » ; pression sur ses propres enfants à l'école pour surmonter son sentiment d'échec, etc.

Pour beaucoup d'adultes, il semble y avoir un rapport *direct* entre leurs difficultés vécues à l'école et la perte de leur estime de soi. Ils y ont appris à développer un langage interne négatif (« *Je suis nul, je n'y arriverai pas, etc.* ») pour aboutir progressivement à l'internalisation complète de cette vue négative sur eux-mêmes. Même s'il est possible, une fois adulte, de récupérer une bonne estime de soi, les blessures faites par l'école ne s'effacent jamais.

L'estime de soi comme base de l'apprentissage

Faire le lien entre estime de soi et réussite des apprentissages ne s'applique pas qu'à l'école, bien entendu. Le grand pédagogue brésilien Paulo Freire, célèbre en particulier pour ses programmes de soutien et d'apprentissage pour adultes, a rapidement compris qu'il lui fallait d'abord mettre en place un programme d'estime de soi *avant* de proposer des apprentissages aux adultes.

Le message est sans doute tout aussi vrai pour les enseignants qui sont confrontés aux difficultés de certains de leurs élèves : leur bonne volonté et leur énergie n'obtiendront pas les résultats escomptés s'ils ne tiennent pas compte de l'estime de soi à restaurer chez certains de leurs élèves. Si des enfants ont une mauvaise estime de soi, s'ils doutent de leur capacité à faire quelque chose, apprendre restera toujours pour eux quelque chose de difficile.

L'individualité cognitive

L'un des piliers de l'estime de soi, nous l'avons vu, est de développer un *sentiment d'identité*, de se connaître et de s'accepter tel que l'on est. Cela est également vrai pour notre manière d'utiliser notre cerveau, ce que l'on peut appeler notre *individualité cognitive*. Cette forme d'individualité se développe dès la prime enfance, et il faut (dans toute la mesure du possible) en tenir compte, d'abord dans le milieu familial, et ensuite, bien entendu, à l'école.

Dans le passé, on considérait que tout le monde apprenait de la même manière, et qu'une même méthode d'enseignement pouvait s'appliquer à tous. Maintenant, nous savons que chacun apprend différemment et qu'un enseignement, dans toute la mesure du possible, doit s'adapter aux besoins individuels des élèves. Si l'idée entre progressivement dans les écoles, elle a cependant encore du mal à se généraliser.

L'une des meilleures approches de cette individualité cognitive a été développée par Howard Gardner, le créateur de la théorie des intelligences multiples : selon lui, nous possédons tous à la naissance un « bouquet » potentiel de huit intelligences, que nous allons plus ou moins bien développer pendant notre vie[1] : *visuelle/spatiale, corporelle/*

1. Sur la théorie des intelligences multiples, on pourra conseiller aux parents *J'aide mon enfant à mieux apprendre* (dans la même collection) ; aux enseignants *À l'école des intelligences multiples* ; et aux managers *Management et intelligences multiples*, tous du même auteur.

kinesthésique, verbale/linguistique, logique/mathématique, musicale/rythmique, naturaliste, interpersonnelle et intrapersonnelle. Il a été abondamment relevé que le système scolaire ne favorise essentiellement que deux de ces intelligences (*verbale/linguistique* et *logique/mathématique*), et malheur aux enfants qui ont d'autres formes d'intelligences ! L'idéal, selon Gardner, serait de développer, de notre naissance jusqu'à notre mort, toutes ces huit intelligences jusqu'à un bon niveau de compétence – en ayant parfois, en bonus, des capacités à développer l'une de ces intelligences à un niveau exceptionnel.

Estime de soi et échec scolaire

Nous avons souligné plus haut le lien étroit que l'on a constaté entre estime de soi et réussite scolaire. Pour un enfant qui a des difficultés scolaires, l'estime de soi est sapée de manière continue :

- dans le vécu quotidien en classe, souvent difficile pour sa personnalité (du moins avec certains enseignants) ;
- à travers les évaluations et les notes, qui lui rappellent sans cesse ses difficultés et ses manques ;
- par l'image dégradée renvoyée à l'enfant par sa famille (« *Tu as des mauvaises notes !* »), par des enseignants (« *Doit faire des efforts !* »), par ses camarades (« *Tu es nul !* ») ;
- par les passages en classe supérieure, toujours délicats, précédés souvent de chantage à la moyenne (« *Paul doit faire de sérieux efforts au troisième trimestre s'il veut envisager un passage en classe supérieure* ») ;
- par les examens, où même la réussite semble suspecte (due à un coup de chance, ou « au niveau qui baisse »).

Toutes ces occasions détruisent l'estime de soi de l'enfant. C'est par le retentissement intérieur de l'échec, dans ce harcèlement constant qui blesse l'élève en difficulté que s'installe le syndrome d'échec scolaire. Ce syndrome non seulement fait obstacle aux apprentissages scolaires, mais enfonce l'enfant tout entier dans cette image dégradée, pour autrui et pour lui-même, qui détruit de l'intérieur les grandes fonctions qui structurent sa personnalité.

Face à l'échec scolaire, il y a essentiellement deux types de réponses[1] :

- la **pédagogie différenciée**, qui devrait (ce n'est pas toujours le cas) s'appuyer sur les forces des élèves en difficulté, et non mettre l'accent sur leurs faiblesses ;
- les dispositifs de **soutien scolaire**.

Ces deux réponses de remédiation concernent aussi bien l'élève dans ses démarches d'apprentissage que l'enseignant dans ses méthodes d'enseignement. Et l'on ne saurait ignorer la recherche obstinée de nombreux enseignants pour s'ajuster à leurs élèves et adapter leurs méthodes pédagogiques. Mais cette remédiation a ses limites : elle peut parfois convenir à des élèves provisoirement en difficulté, mais elle est souvent une impasse pour de nombreux élèves trop marqués par le syndrome d'échec scolaire. Car, dans ce cas, il faut *avant tout* restaurer l'estime de soi de l'élève, nous l'avons vu, pour lui permettre de sortir de sa spirale d'échec. Au-delà des résultats scolaires et du quotidien de l'école, c'est dans l'estime de soi retrouvée que le jeune en difficulté pourra reprendre le chemin d'un avenir désiré et construit.

On peut envisager de mieux faire prendre conscience aux enseignants de l'importance de l'estime de soi, en tant que fondement de la réussite scolaire. On peut imaginer dans les écoles, en collaboration avec les enseignants, des programmes directement dédiés au développement et au renforcement de l'estime de soi. Des outils simples existent pour cela, comme le *Circle Time*, présenté au chapitre 13.

L'estime de soi de l'enseignant

Comme le parent, l'enseignant transmettra à ses élèves les composantes essentielles d'une bonne estime de soi si la sienne est à peu près saine et positive.

Inversement, il est relativement facile de repérer les enseignants avec une faible estime de soi : ils sont souvent plus impatients ; ils font preuve d'autoritarisme et punissent plus ; ils ont tendance à se focaliser sur

1. Il ne sera pas abordé ici les réponses psychologiques et paramédicales, qui peuvent également aider l'enfant.

les faiblesses des élèves plutôt que sur leurs forces ; ils inspirent de la crainte ; ils encouragent la dépendance, l'obéissance et la conformité ; ils punissent toute déviance par rapport au modèle unique qu'ils imposent.

Les enseignants avec une faible estime de soi sont typiquement des enseignants malheureux, et les enseignants malheureux ont souvent des stratégies de gestion de classe destructrices.

Les enfants (et les jeunes), nous le savons, ont tendance à imiter les adultes qu'ils côtoient.

- S'ils voient des adultes utiliser le ridicule et le sarcasme, ils vont être tentés de les utiliser eux-mêmes ; s'ils entendent un langage de non-respect et parfois de cruauté (ou s'ils en sont victimes), ils auront tendance à durcir leurs comportements verbaux envers les autres ; si on les force à un conformisme de pensée et d'action, ils seront tentés de vivre toute leur vie dans les conformismes véhiculés par la société, et seront facilement manipulables ; si on leur fait confondre apprentissage et rabâchage, ils se lasseront vite de vouloir continuer à apprendre toute leur vie.
- Si, au contraire, ils sont témoins de bienveillance et d'appui à ce qui est positif et aux réussites, ils pourront apprendre à intégrer cela dans leur propre comportement ; s'ils sont témoins de justice, ils auront des chances d'intégrer dans leur vie une attitude d'équité et de justice ; si leur créativité est encouragée, ils oseront entreprendre ; si leur personnalité et leur mode préférentiel d'apprentissage sont respectés, ils garderont l'envie d'apprendre toute leur vie.

L'enseignant, comme le parent, doit donc s'attacher à développer sa propre estime de soi s'il veut remplir correctement sa fonction.

Pistes pour développer l'estime de soi dans la classe

L'estime de soi est essentiellement une démarche intérieure, nous l'avons vu, qui a la caractéristique de se créer en la pratiquant. Pour encourager le développement de l'estime de soi dans une école (ou dans une entreprise...), il sera donc intéressant de créer un climat qui encourage l'estime de soi et renforce sa pratique, qui elle-même renforcera l'estime de soi : c'est un cercle vertueux, qui s'auto-entretient.

Et à l'école, le lieu privilégié est donc la classe. Comment développer l'estime de soi des enfants à travers l'environnement de la classe ? Voici quelques pistes que l'on peut suggérer aux enseignants :

- **Respecter la dignité de l'enfant.** L'une des choses les plus douloureuses à vivre pour un enfant est de ne pas être respecté par un adulte. Donc un enseignant qui traite tous ses élèves avec courtoisie et respect envoie un signal à la classe : « *Vous êtes maintenant dans un environnement où des règles sont appliquées, et différentes de celles auxquelles vous êtes peut-être habitués. Ici, votre dignité et vos sentiments ont de l'importance, et je m'engage à les faire respecter.* » Ainsi, simplement, un enseignant peut commencer à créer un environnement favorable au développement de l'estime de soi.
- **Appliquer la justice dans la salle de classe.** Les enfants sont extrêmement sensibles à tout ce qui concerne la justice. Et s'ils constatent que les mêmes règles s'appliquent à tous et de la même manière, si par exemple ils voient leur professeur avoir la même attitude en parlant à un garçon, une fille, un Noir, un Asiatique, ils enregistrent la bonne leçon, ils perçoivent l'enseignant comme ayant de l'intégrité, et leur sentiment de sécurité grandit. Au contraire, le favoritisme envers certains élèves, ou la mise à l'écart de certains autres, empoisonne l'atmosphère d'une classe. Cela renforce le sentiment d'isolation et de rejet et diminue chez les enfants le sentiment que le monde est un lieu où ils pourront vivre à leur juste place.
- **Aider l'enfant à avoir une bonne appréciation de lui-même.** Lorsqu'un enseignant envoie à ses élèves des « signes de reconnaissance[1] » appropriés, il les aide à se sentir visibles à eux-mêmes. Lorsqu'il propose non pas des jugements mais des descriptions de ce qu'il voit, il les aide à mieux s'estimer et à mieux se connaître.
- **Voir d'abord les forces des enfants.** Lorsqu'il attire l'attention d'un élève sur ses forces, l'enseignant encourage le développement de son assurance personnelle et prépare le terrain à des succès futurs.

1. Voir chapitre 13.

Tous les enfants savent faire bien quelque chose, tous les enfants ont des talents : il faut les trouver, les identifier, et les nourrir. Un enseignant doit être un chercheur d'or. Malheureusement, le système éducatif perpétue trop souvent une manière de faire qui pousse les enseignants à se concentrer non pas sur les forces, mais sur les faiblesses de l'enfant. Exemple : Pierre est bon en français mais mauvais en maths – donc l'accent va être mis sur sa faiblesse, les mathématiques. Dans cette manière de faire, ce que l'on peut regretter, ce n'est pas d'attirer l'attention de Pierre sur la nécessité de s'améliorer en mathématiques : c'est de ne pas porter suffisamment d'attention au français en tant que facteur de réussite, et de ne pas l'utiliser comme levier. Car une fois que l'enfant aura expérimenté des réussites, il développera de la confiance en ses capacités, et on pourra lui donner le goût de réussir, aussi, en maths – et ailleurs.

- **Considérer les erreurs comme faisant partie du processus d'apprentissage.** La manière dont l'enseignant va répondre aux erreurs peut également avoir une grande influence sur le développement de l'estime de soi de l'enfant. Faire des erreurs fait intégralement partie de tout apprentissage. Si un enfant est puni pour avoir fait une erreur, ou bien est ridiculisé ou humilié, le processus naturel d'apprentissage est saboté. Un enfant ne peut pas avoir et garder l'envie d'apprendre si, lorsqu'il fait une erreur, il reçoit en retour un rejet ou un jugement moral.
- **Stimuler la recherche plutôt que de fournir des réponses.** Imposer des réponses toutes faites à des questions non choisies favorise la pensée conformiste, et c'est une injure aux capacités d'apprentissage et de réflexion du cerveau humain. Certes, cela peut être parfois déstabilisant pour l'enseignant habitué (souvent à travers sa propre scolarité) à un savoir prémâché et parfaitement cadré. Mais favoriser l'émergence de questions, stimuler les enfants à rechercher des réponses sans leur imposer « la bonne réponse », les prépare à une démarche qu'ils pourront – et devront – appliquer toute leur vie : trouver par eux-mêmes des solutions aux problèmes que la vie ne manquera pas de leur poser.

- **Porter une attention adaptée à chaque enfant.** Tout enfant nécessite de l'attention, et cette attention n'est pas identique pour tous les enfants. Certains enfants ont besoin de plus d'attention que d'autres, et pas forcément ceux en difficulté scolaire. Il y a par exemple des élèves timides, ou volontairement en retrait, qu'une attention particulière permettra progressivement d'apprivoiser et d'intégrer dans la classe, développant leur sentiment d'appartenance – l'une des clés de l'estime de soi.
- **Favoriser une discipline équilibrée.** Dans chaque classe, il y a des règles qui doivent être respectées. Ces règles peuvent être imposées par l'enseignant avec des sanctions ou des punitions[1] en cas de non-respect, ou bien elles peuvent être déterminées par toute la classe, et expliquées de manière à engager l'esprit et la compréhension de tous les élèves. Une fois que ces règles sont fixées, et que sont connues les sanctions en cas de violation de la règle, l'enseignant devient le garant de leur application.

  La discipline au sein d'une classe est un élément clé de la réussite (ou non) de l'enseignant. Si une faible estime de soi peut conduire certains enseignants à être rigides, punitifs et parfois même sadiques dans la mise en œuvre de ces règles, une faible estime de soi peut aussi conduire d'autres enseignants à une permissivité qui est une complète absence d'autorité, avec comme résultat l'anarchie dans la classe. Le refus de faire appliquer les règles, ou une capitulation face aux éléments dérangeants de la classe, signifie l'abdication par l'enseignant de ses responsabilités.

La discipline à la maison et à l'école

Parfois, des enfants viennent à l'école avec une image très négative de la discipline et de l'autorité, en se basant sur leurs expériences à la maison : par exemple lorsque leurs parents leur imposent des règles en utilisant l'intimidation, la punition, l'humiliation – ou des coups de ceinture. Ils pourront avoir des comportements à l'école qui leur feront rechercher des punitions dont ils ont l'habitude chez eux. Avec ce type d'élèves, le contact d'un enseignant sage et mature peut avoir un extraordinaire impact.

1. Sur la différence que l'on peut faire entre une « sanction » et une « punition », on pourra se reporter à *J'aide mon enfant à bien vivre l'autorité*, du même auteur, dans la même collection.

- **Avoir des attentes positives envers les élèves.** Des recherches célèbres[1] nous apprennent que les attentes d'un professeur ont tendance à se transformer en prophéties auto-réalisables : si un enseignant attend d'un élève qu'il réussisse, ses attentes auront tendance à devenir des réalités. Au contraire, s'il s'attend à un échec, l'élève aura tendance à se « programmer » pour cet échec.

  Dans cette démarche, il ne s'agit pas de louanger en permanence l'élève, sans rapport avec son travail ou ses efforts : l'enfant n'aurait pas une image réaliste de sa propre valeur, et risquerait de vivre des échecs brutaux qu'il ne comprendrait pas, cassant sa motivation. Il vaudra mieux l'encourager fréquemment, de telle manière qu'il puisse progresser, ait le goût d'aller plus loin, puisse développer de réelles compétences et son indépendance. Il vaut mieux des encouragements fréquents que des louanges inappropriées.

  On constate d'ailleurs que les enfants avec une bonne estime de soi sont bien conscients du niveau de leurs capacités. Ils n'acceptent pas les louanges non sincères, et ne refusent pas de se confronter aux problèmes : ils sont même heureux de relever de nouveaux défis avec enthousiasme et confiance.

- **Favoriser le « vivre avec les autres ».** Si l'estime de soi nous permet de faire face aux défis de la vie, l'une de ses clés est d'avoir de bonnes relations avec les autres êtres humains. Cela signifie que les interactions avec les autres soient considérées comme positives et réussies, à la fois par soi-même et par l'autre personne – et cela est vrai même en cas de conflit.

  Cette capacité à bien entrer en contact avec les autres, on peut l'apprendre et la développer à l'école, et en classe. C'est une compétence tout aussi importante – et peut-être beaucoup plus – que les connaissances en mathématiques ou en géographie – et qui développe l'estime de soi.

1. En particulier *Pygmalion à l'école*, de Rosenthal et Jacobson.

CHAPITRE 11

D'AUTRES SOURCES EXTERNES DE L'ESTIME DE SOI

Au programme

- Estime de soi et société
- Estime de soi et systèmes philosophiques et religieux

Si le milieu familial et l'école jouent un rôle considérable pour le développement de l'estime de soi d'un enfant, d'autres facteurs pourront influencer cette évolution, en particulier la société, la culture, les systèmes de pensée, la religion, le système politique.

En explorant brièvement ces différents facteurs, nous touchons à des thèmes très conflictuels, sur lesquels il n'est pas question ici d'avoir un avis définitif et péremptoire : il s'agit juste d'ouvrir la réflexion, sans *a priori* ni jugement.

Estime de soi et société

Une idée qui a émergé progressivement

L'idée d'estime de soi ne se trouve pas dans toutes les cultures, ni à toutes les époques. Elle a émergé progressivement à travers des développements historiques.

Au Moyen Âge, l'idée de « soi » était encore endormie dans la psyché humaine. Chaque personne naissait dans un ordre social inamovible : à de rares exceptions près, on ne choisissait pas son travail, mais on était par essence paysan, artisan, chevalier, ou bien la femme de l'un ou de l'autre. Le Moyen

Âge ne valorisait pas l'autonomie, ne prenait pas en compte l'individualité, et l'idée de « droits de l'homme » n'existait pas.

Notre notion d'individu, en tant qu'unité autonome, capable de penser indépendamment et de porter la responsabilité de sa vie, prend ses racines dans la Post-Renaissance.

Une notion qui transcende les cultures

Malgré les apparences, le besoin en estime de soi semble pourtant biologique, et non pas culturel. Il participe à la survie et au fonctionnement efficace de tout être humain. Ce n'est pas une invention d'Occidentaux.

Reprenons les six principes qui fondent l'estime de soi de l'adulte :

- **Vivre avec conscience.** Cela signifie d'accepter la réalité telle qu'elle est, que cela soit pour cultiver des légumes, réparer un ordinateur ou prendre soin de personnes âgées. Vivre avec conscience est une nécessité pour s'adapter à un monde donné, car notre survie dépend de notre capacité à nous adapter. Et plus nous sommes conscients, plus nous avons de chances de réussir dans nos efforts d'adaptation.

- **S'accepter soi-même.** Lorsque l'individu rejette, au nom d'une culture donnée, ses pensées, ses comportements ou ses sentiments, lorsqu'il refuse sa propre vie intérieure, il détruit sa personnalité. Lorsqu'une culture et ses valeurs sont en contradiction avec les besoins de l'être humain, cela peut avoir des conséquences psychologiques catastrophiques pour l'être humain lui-même – et pour la société dans laquelle il vit. C'est en particulier le cas de toutes les cultures qui donnent un rôle et un statut inférieur à la femme.

- **S'accepter responsable.** Toutes les cultures ne développent pas au même niveau le sens de la responsabilité chez les individus. Ce sens de la responsabilité peut même être volontairement combattu car considéré comme dangereux. Pourtant, lorsque l'on s'accepte responsable, on prend en charge naturellement la part qui nous revient dans le fonctionnement de la société : on n'a pas tendance à vivre en parasite ou en profiteur ; on œuvre en collaboration avec les autres vers des buts communs.

- **Avoir un sentiment d'assurance personnelle.** Là encore, toutes les cultures ne favorisent pas au même niveau l'émergence de ce sentiment, qui pousse à l'expression de ce que l'on croit, de ce que l'on ressent, de ce que l'on rêve. Cela peut même être contraire aux « valeurs » de certaines cultures, et combattu (comme dans les régimes totalitaires). Lorsque l'on bloque l'émergence de toutes les richesses personnelles et uniques de l'individu, on bloque également sa créativité, sa capacité à penser d'une manière originale, son goût pour la nouveauté et des projets nouveaux – qui sont pourtant des moteurs d'évolution des cultures et des sociétés.

- **Vivre avec des buts réfléchis.** C'est également universel. Que ce soit apprendre un métier, fonder un couple, avoir des enfants, développer une entreprise ou atteindre un état de sérénité, on retrouve ce besoin à toutes les époques et dans toutes les cultures. Inversement, vivre dans un état de dépendance aux événements de la vie, sans vouloir se créer son propre chemin, ne permet pas à l'individu un développement harmonieux de sa personnalité.

- **Vivre avec intégrité.** On retrouve cette notion dans les « codes d'honneur » de certaines cultures. Plus simplement, il s'agit de vivre en suivant au mieux ses valeurs et ses principes, en respectant la parole donnée, en n'étant pas en contradiction envers soi-même. Les sociétés qui ne privilégient pas ces comportements, qui acceptent – et donnent parfois l'exemple au plus haut niveau – que des individus ne vivent pas avec intégrité, mettent sans doute en danger la survie de la société elle-même.

L'individu et la société

Les sociétés sont avant tout préoccupées par leur propre survie et leur perpétuation. Elles tendent donc à encourager les valeurs qui semblent aller vers cette fin, sans tenir compte des individus qui constituent cette société.

Par exemple, une nation pourra se fonder sur un militarisme actif et entretenir des relations conflictuelles avec d'autres nations. Elle aura alors tendance à valoriser les vertus guerrières : l'agressivité, l'indifférence à la souffrance, l'absolue obéissance aux autorités, le sens du sacrifice, etc. Inversement, d'autres nations pourront se fonder sur des valeurs de tolérance, de solidarité, de coopération.

Ou bien une société pourra considérer que son intérêt est d'avoir une population élevée et en forte croissance, société dans laquelle les femmes seront encouragées à croire qu'il n'y a rien de comparable à la maternité, et que c'est le standard de la vraie féminité. Pourtant, une femme pourra considérer sa vie d'une autre manière. Elle pourra avoir l'indépendance de juger sa propre vie selon ses propres standards, et comprendre que sa vie de femme est très différente de celle de sa mère ou d'autres femmes dans la société ; elle pourra ignorer ou reporter la maternité.

Ainsi un individu vivant dans une société donnée aura tendance à donner de l'importance aux valeurs qui prévalent dans son environnement social, transmises par les membres de sa famille, par les dirigeants politiques ou religieux, par les enseignants, les journaux, la télévision, les films. Ces valeurs pourront être – ou ne pas être – en cohérence avec les besoins de l'individu.

Mais peut-on avoir une estime de soi authentique en se conformant à des normes culturelles et sociales sur lesquelles on n'a jamais réfléchi, ou qu'on n'a jamais remises en cause ? Voilà une question au cœur de l'estime de soi.

Il est vrai qu'il y a une certaine sécurité à appartenir à un groupe, et à vivre en se conformant aux valeurs moyennes du groupe. Mais que faire lorsque l'on est tiraillé entre ce sentiment de sécurité ou de confort lié à l'appartenance à un groupe, et notre *conscience* que ces valeurs ne nous conviennent pas ?

Cette question n'a pas de réponse simple, et il serait intéressant d'interroger l'Histoire autant passée que présente : on y trouverait des exemples extrêmes de sociétés prônant des valeurs humainement inadmissibles, et de personnes se conformant à ces valeurs – ou les refusant, souvent au prix de leur vie. Honorer sa propre personnalité, honorer son esprit, son jugement, ses valeurs et ses convictions peut être un acte ultime de courage. Et le moteur profond de ce refus de l'inacceptable, de ce courage, c'est sans doute l'estime de soi.

Estime de soi et indépendance d'esprit

Les sociétés, par définition, n'encouragent pas non plus la remise en question des postulats qui les fondent. Notre société actuelle, par exemple, est fondée sur des postulats qu'il est difficile de remettre en cause : la loi du marché ; la croissance à tout prix ; la nécessité de produire et de consommer toujours plus ; le principe de libre concurrence ; l'exigence de rentabilité ; la monétarisation de tout travail, etc. L'un des aspects de vivre avec conscience est de comprendre que les croyances véhiculées par la société ne sont que des croyances, et pas forcément la vérité ultime.

Vivre avec conscience ne signifie cependant pas vivre dans un scepticisme permanent : c'est le fait d'avoir une pensée critique, qui ne se conforme pas sans réflexion à ce qu'on lui impose.

Il ne s'agit pas non plus d'égoïsme ou d'individualisme, tout au contraire : il s'agit d'affirmer et de vivre ce que l'on est, même si cela est en contradiction avec les valeurs affichées par la société.

Et l'on peut bien entendu parfaitement accepter – mais avec conscience – les valeurs de la société dans laquelle on vit.

L'estime de soi et les femmes

Rares sont les sociétés où les femmes peuvent développer naturellement et sans combat une saine estime de soi. Même dans les sociétés où l'égalité des sexes est admise, elles doivent en permanence affirmer leur féminité, leurs compétences, leurs différences en s'opposant à des « valeurs » prônant la supériorité de l'homme.

Il y a également certaines cultures où les femmes ne sont considérées que comme des possessions (ou de potentielles possessions) des hommes ; où elles doivent accepter des règles extrêmement contraignantes, par le simple fait d'être une femme ; où leur liberté de penser, d'agir, d'affirmer leur individualité est en permanence réprimée ; où elles doivent se conformer aux attentes et aux exigences des hommes, sur tous les plans. Dans tous ces environnements sociaux, ce sont les femmes qui risquent le plus de souffrir de graves problèmes d'estime de soi, et cela commence dès l'enfance de la petite fille. Une attention particulière devra donc être portée aux filles, pour une construction équilibrée de leur personnalité et un bon développement de leur estime de soi.

Rôle de la société dans le développement de l'estime de soi

Nous voyons ainsi que toute société, à travers son système politique, est confrontée à ce dilemme : faut-il des citoyens dociles, acceptant les valeurs imposées par un petit nombre de dirigeants (à travers l'éducation, les médias, etc.) ? Ou bien faut-il accepter que les citoyens puissent penser par eux-mêmes, remettre en cause les valeurs imposées, soient capables de dire *non* ?

Toute société aurait sans doute beaucoup à gagner à mettre en avant le développement de l'estime de soi des individus qui la fondent. Certes les hommes politiques y perdraient en pouvoir, et devraient accepter différentes formes de démocratie participative qui leur permettraient moins de tirer parti de leur position. Mais la société réglerait – ou du moins améliorerait – un certain nombre de problèmes qui la minent : l'échec scolaire, les comportements violents de certains jeunes et la délinquance, la violence familiale, la fraude généralisée, la perte de solidarité entre les individus, le respect entre communautés, et d'autres...

Développer l'estime de soi dans une société, dans toutes ses composantes, doit venir d'une décision politique, et être mis en œuvre à travers la famille, l'école et tout l'environnement de la société. Mais peut-être faut-il pour cela des hommes politiques ayant eux-mêmes une bonne estime de soi, ce qui n'est pas toujours le cas : bien des personnalités politiques semblent n'avoir recherché le pouvoir que pour compenser une estime de soi dégradée.

Estime de soi et systèmes philosophiques et religieux

Lorsque l'on recherche les racines de l'estime de soi, on trouve également – et forcément – sur son chemin les religions (comme le christianisme, le judaïsme, l'islam, le bouddhisme) et des systèmes philosophiques (comme le marxisme, le confucianisme) : est-ce que les systèmes de pensée et les religions jouent un rôle sur le développement de l'estime de soi et, si oui, lequel ?

Le sujet est délicat à aborder tant il peut provoquer de fortes passions, surtout du côté des religions. Pour certains, il n'y a pas de conflit entre l'estime de soi et les préceptes de leur religion. D'autres constatent que des religions s'opposent fortement au développement d'une saine estime de soi, en conditionnant dès l'enfance l'être humain à suivre des règles, des principes, des comportements, des manières de penser. Et l'on remarque que certains mouvements religieux refusent l'introduction de programmes d'estime de soi dans les écoles, parce qu'ils considèrent que le développement de l'estime de soi est incompatible avec leurs principes religieux.

Un rapport difficile à travers l'histoire

Remontons un peu dans le temps.

À travers les âges, lorsque la religion a été un pilier fondamental de l'État, l'estime de soi (telle que nous l'entendons de nos jours) a été punie. Pour le péché de penser et d'exprimer ce qu'ils étaient et ce en quoi ils croyaient, des hommes et des femmes ont été torturés et exécutés – et c'est encore le cas de nos jours dans certains pays. C'est pour cela que l'idée de la séparation absolue entre la religion et l'État est si importante : elle empêche un groupe religieux d'utiliser la machinerie du gouvernement pour persécuter ceux qui pensent ou ceux qui croient différemment.

Lorsqu'une religion s'impose dans une société comme seul mode de pensée et de vie, ceux qui vivent avec conscience, ceux qui se sentent responsables, ceux qui pensent différemment sont souvent perçus par les croyants comme une menace, un danger capable de répandre la maladie de la non-croyance chez les autres. Dans des livres fondamentaux des religions comme la Bible ou le Coran, ceux qui croient sont particulièrement violents envers ceux qui ne croient pas, ou qui croient « autrement ».

Et il y a bien entendu des systèmes non religieux qui ont tous les attributs des religions d'État, avec le même refus de la différence, et où l'estime de soi est considérée comme un poison à éradiquer : parti unique, tyrannie avec culte de la personnalité – les exemples sont nombreux et n'en finissent pas de se reproduire.

Des éléments souvent contradictoires avec l'estime de soi

Bien souvent l'estime de soi, qui privilégie la démarche personnelle et le respect de la différence, ne fait pas très bon ménage avec une religion ou un système de pensée établi. Par exemple, si l'on enseigne aux enfants :

- qu'il suffit de croire, qu'il n'est pas nécessaire de penser par soi-même ;
- qu'il est essentiel de croire ce que dit le prêtre, le mollah, le rabbin, le gourou, le secrétaire du parti ; que la soumission à leur autorité est le fondement de la moralité ;
- que si nous avons de la valeur, ce n'est pas à cause de ce que nous faisons de bien, mais seulement parce que nous participons à un plan supérieur ou divin ;
- que le sacrifice de soi au profit d'un plan supérieur ou divin est la plus grande vertu et le plus noble des devoirs,

alors notre estime de soi aura des difficultés à se développer d'une manière harmonieuse.

Sentiment de culpabilité et estime de soi

L'essence de la culpabilité est un reproche moral que l'on se fait à soi-même : « *J'ai mal fait, alors que j'aurais dû et pu faire autrement* ».

Nous voyons que ce sentiment de culpabilité peut être une conséquence d'une bonne estime de soi : nous avons conscience d'avoir agi à l'encontre de nos valeurs personnelles, nous nous estimons responsable de ce fait, nous avons failli à notre intégrité personnelle.

Il sera important d'apprendre à l'enfant, au jeune – et également à l'adulte – comment sortir de ce sentiment de culpabilité, qui est une brèche dans l'estime de soi. Cela pourra se faire à travers la démarche suivante :

- accepter le fait que c'est *nous* qui avons accompli cette action particulière, c'est-à-dire avoir une pleine conscience de ce que nous avons fait, et en prendre la responsabilité ;
- chercher à comprendre pourquoi nous avons fait ce que nous avons fait, avec objectivité et justesse, sans rechercher d'alibis ;
- si d'autres personnes sont impliquées, reconnaître explicitement le tort que nous leur avons fait, et entreprendre toutes les actions nécessaires pour minimiser le tort qu'elles ont subi ou le réparer ;
- prendre pour but de se comporter autrement à l'avenir.

Le problème que posent certaines religions, c'est qu'elles nous font nous sentir coupables là où nous ne sommes en rien responsables, lorsque nous n'avons pas de reproches raisonnables à nous faire, en particulier à travers l'idée du péché originel : la culpabilité est inscrite dès la naissance, il n'y a ni possibilité d'innocence, ni liberté de choix, ni alternative possible.

La notion même de culpabilité sans responsabilité est un dogme de foi, pas une réalité. L'imposer à un enfant comme une évidence que l'on ne peut remettre en cause sape les fondements de son estime de soi en construction. En revanche, rien n'empêchera l'adulte, une fois construite son estime de soi, d'accepter complètement ce sentiment de culpabilité lié à une religion.

Foi et estime de soi

Si une religion ou un système philosophique peut aller à l'encontre de la construction d'une bonne estime de soi chez l'individu, cela peut également générer chez lui une dynamique et une force incomparable. Le fait de croire (au sens fort d'*avoir la foi*) peut favoriser l'épanouissement de l'individu, renforcer la confiance en soi, donner une immense énergie, pousser à l'action, aider à agir avec une grande intégrité – et ainsi favoriser l'émergence d'une grande estime de soi.

La balance, entre les effets destructeurs que peuvent avoir des religions et des systèmes de pensée sur l'estime de soi, et tous les bénéfices que l'on peut en tirer, tient sans doute dans l'*intériorisation* d'une croyance qui, au départ, est imposée de l'extérieur.

CHAPITRE 12

L'IMPORTANCE DE L'ESTIME DE SOI

Au programme

- L'estime de soi, un besoin naturel et fondamental
- L'estime de soi, un besoin social
- L'estime de soi, un besoin économique
- L'estime de soi, un problème de santé publique
- L'importance d'entretenir et de développer l'estime de soi
- Inconvénients et avantages d'une faible estime de soi

Voici comment le Tao définit ce qui ressemble fort à l'estime de soi :

« Porté par la force inhérente en toi, voilà ce que tu dois être.
Pas mauvais, ni bon.
Pas petit, pas grand. Point bas ni élevé non plus.
Et c'est alors que tu seras en réalité.

Quand tu seras affranchi de toutes les apparences, de toutes les convoitises et de tous tes désirs, tu seras entraîné par ton impulsion propre sans même avoir conscience que tu es en mouvement.

Et cela – le seul véritable principe de la vie, qui est de se mouvoir de soi-même, libre et sans entraves – sera aussi aisé et aussi inconscient que la dissolution de ce petit nuage au-dessus de toi. »

L'estime de soi, un besoin naturel et fondamental

L'estime de soi est un besoin fondamental de l'être humain, sans doute parce que l'on peut la considérer comme reliée à la conscience de sa propre valeur, ce qui n'existe pas chez les animaux.

En tant qu'êtres humains, nous pouvons nous poser des questions – que semblent ne jamais se poser les animaux – sur :

- notre identité : *qui sommes-nous ?*
- nos qualités et nos défauts, nos forces et nos limites ;
- l'amour de soi (*Est-ce que je m'aime malgré mes défauts et mes limites ?*), l'amour pour les autres (*Suis-je capable d'aimer ?*) et l'amour que me portent les autres (*Est-ce que je me considère comme digne d'être aimé ?*) ;
- notre appartenance à tel groupe, à telle société, à telle culture ;
- notre compétence pour poursuivre telle ou telle activité (*Est-ce que j'ai le sentiment, la conviction que j'ai des potentialités à développer, des actions à accomplir ?*) ;
- notre capacité à réfléchir ;
- les valeurs que nous souhaitons vivre et mettre en œuvre ;
- notre recherche du bonheur (*Est-ce que je vis ce que je veux vivre vraiment ?*) ;
- l'adéquation entre nos idéaux et nos activités – c'est-à-dire l'intégrité, l'une des composantes de l'estime de soi, nous l'avons vu.

Si le but naturel d'un être humain est :

- de se développer d'une manière normale et harmonieuse ;
- de vivre sans souffrances inutiles (c'est-à-dire évitables) ;
- de savoir faire correctement face aux principaux aléas de la vie, d'avoir une adaptabilité correcte et saine ;
- d'être capable de prendre soin de soi d'une manière indépendante ;
- d'être capable d'avoir des relations humaines et affectives équilibrées ;
- de savoir persévérer dans ses buts et ses aspirations ;
- de rechercher le bonheur,

l'estime de soi est indispensable – et elle a une valeur de *survie.*

Inversement, avec une estime de soi déficiente, nous risquons d'avoir différents désordres comportementaux qui influeront sur l'ensemble de notre vie : personnelle, professionnelle, sociale, affective, parentale.

L'estime de soi, un besoin social

Que nous le voulions ou non, nous vivons dans une société donnée, qui n'est pas celle de nos parents, ni celle de nos descendants. Nous participons à la vie de cette société, et elle nous influence. Comment y trouver notre juste place, avec une bonne estime de soi ?

Un besoin individuel pour bien vivre en société

Nous sommes plus libres que les générations précédentes pour vivre dans notre environnement social, pour choisir notre code moral, notre style de vie, nos idées philosophiques, nos valeurs. Nous ne suivons plus (du moins consciemment) une tradition imposée par nos parents ou notre milieu culturel. Nous avons souvent plus de choix, plus d'options, plus de possibilités. Et également plus de tentations, de sollicitations, d'incitations à agir ainsi ou à penser comme cela, sous l'influence des médias ou de la publicité.

Pour être capables de nous adapter à un tel environnement, pour réagir d'une manière appropriée sans tomber dans le compulsif, nous avons un plus grand besoin en *autonomie personnelle.* Nous avons besoin de savoir qui nous sommes, de bien nous connaître, d'être centré sur nous-même, de savoir ce qui a de la valeur pour nous. Sans cette conscience, nous risquons d'être ballotté par des valeurs extérieures, de suivre des modes dont nous ne voulons pas, de poursuivre des buts qui ne correspondent pas à ce que nous sommes.

Pour cela, nous devons apprendre à penser par nous-même, à cultiver nos propres ressources, à prendre la responsabilité de nos choix, de nos valeurs et des actions qui modèlent notre vie : en bref, nous devons développer notre estime de soi.

Mais ce n'est pas si facile, bien entendu. Tout semble aller de travers autour de nous, et rendre utopique cette recherche d'une bonne estime de soi, pour nous comme pour nos enfants. En tant que parents, nous sommes forcément inquiets, et avec raison, en voyant tant d'enfants et d'adolescents – sans compter des adultes – déprimés, mal dans leur peau, dépressifs, tendant sans cesse à se déprécier, et se lançant dans des comportements compulsifs, destructeurs ou violents.

Les hommes politiques et les médias, en recherche d'électeurs ou d'audience, nous renvoient également trop fréquemment une image déformée de notre compétence parentale – ou plutôt de notre incompétence, et nous rendent responsables des échecs scolaires, du taux de suicide élevé et de la violence des jeunes, des difficultés d'intégration ou du manque de valeurs.

Sous ces pressions extérieures, notre place d'individus au sein de la société où nous vivons risque d'être ballottée, fluctuante, sans racines. Nous devenons la proie des modes, des manipulateurs. Nous devenons inconstants, incapables de dire *non*. Nous nous culpabilisons, nous nous rendons responsables des faillites du système social dans lequel nous vivons.

Une forte estime de soi nous est alors nécessaire si nous ne voulons pas subir notre vie, au gré des aléas et des manipulations, si nous voulons vivre notre vie d'une manière consciente, intègre et responsable.

Un outil d'intégration social

Avoir une faible estime de soi est un handicap dans toute relation sociale, qu'elle soit professionnelle (par exemple un entretien d'embauche, ou une prise de décision au travail), affective (par exemple dans la séduction amoureuse) ou amicale (facilité à entrer en relation avec d'autres ou à participer à un groupe).

Une faible estime de soi pousse la personne à penser... qu'elle n'est pas intéressante ; qu'elle n'a rien à apporter aux autres ; qu'elle est ennuyeuse, minable. Et que... personne ne s'intéresse à elle ; qu'elle n'a aucune chance d'établir des relations durables, etc. Pris dans cet engrenage d'auto-dévalorisation sociale, les relations avec d'autres deviennent difficiles, voire agressives.

Cette difficulté à s'intégrer harmonieusement dans la société plonge souvent ses racines dans une mauvaise estime de soi construite dans l'enfance et l'adolescence, et peut gâcher toute une vie : car nous sommes des êtres sociaux, pour lesquels de bonnes interactions avec les autres sont essentielles.

Et l'on pourrait parfois trouver un « effet papillon[1] » à base d'estime de soi dans notre vie de tous les jours : si, adulte, vous avez été humilié dans la journée par votre supérieur, ce sont peut-être vos enfants à la maison qui risquent d'en pâtir le soir. Si votre enfant a été humilié ou sanctionné injustement par un enseignant, c'est tout son entourage familial qui risque d'en subir le poids.

En revanche, si vous avez une bonne estime de soi, vous pourrez bâtir bien plus facilement des relations familiales, amicales et amoureuses équilibrées, en respectant les besoins et les sentiments de l'autre tout en respectant les vôtres. Et le monde autour de vous s'en portera mieux.

Un besoin fondamental de notre société

Selon certains spécialistes et observateurs de nos comportements sociaux, la question de l'estime de soi est sans doute à la racine des désordres de notre époque : désordres politiques, désordres sociaux, désordres humains.

D'abord – excusez du peu –, on peut considérer l'estime de soi comme la base de la démocratie. La démocratie ne peut réellement fonctionner que lorsque ceux qui la pratiquent croient profondément au principe suivant : nous pouvons nous opposer à une autorité abusive et réclamer que les droits et la dignité humaine soient respectés – et cela nécessite forcément une saine et forte estime de soi. Cet homme, debout devant un char sur la place Tien An Men à Pékin, nous en donnera toujours une image inoubliable.

1. Selon cette théorie, une cause infime ici (un battement d'ailes de papillon à un endroit) peut avoir des conséquences considérables là (un ouragan ailleurs).

Les tyrannies n'aiment pas les personnes ayant une forte estime de soi. Elles préfèrent les êtres dociles, faibles, manipulables et grégaires, qui ont une conscience d'eux-mêmes dégradée. L'Histoire nous en donne d'innombrables exemples.

Ensuite, il semble y avoir un lien entre l'estime de soi et deux problèmes majeurs auxquels sont confrontées nos sociétés : l'inertie et la violence.

D'un côté, l'inertie : « *Je ne fais rien parce que j'ai le sentiment que cela ne servira à rien* ».

De l'autre, la violence : « *J'entre dans une démarche violente pour m'opposer à un système que je considère comme injuste ou destructeur* ».

Ces deux comportements peuvent trouver leur racine dans le manque d'estime de soi des citoyens qui forment la société. Lorsque l'on a une estime de soi dégradée, on est prêt à accepter d'être soumis à un « ordre », même tyrannique, qui est le prix de notre tranquillité. Ou bien on ne trouvera notre seule justification d'exister que dans l'opposition systématique, pouvant aller jusqu'à la violence.

Et donc développer une estime de soi harmonieuse chez l'être humain peut permettre de vivre « à hauteur d'homme », c'est-à-dire en se respectant soi-même et en respectant les autres, sans tomber ni dans la passivité résignée, ni dans la violence désespérée.

Si l'estime de soi se construit d'abord dans la famille et à l'école, il faut bien reconnaître que ce sont la société et le monde dans son ensemble qui influent, rarement en bien, sur le niveau d'estime de soi des individus qui la composent. Les relations de pouvoir, de domination, de soumission ou d'écrasement peuvent créer une dépendance de type bourreau-victime qui est totalement contraire au développement d'une saine estime de soi.

Le droit à l'estime de soi

Alice Miller est une grande spécialiste reconnue de l'enfance abusée et outragée. Elle insiste sur les besoins essentiels de l'être humain en estime de soi, qui continuent aujourd'hui d'être bafoués par de nombreux parents et enseignants, et refusés dans certaines sociétés et certaines cultures.

Elle dresse un portrait glaçant de l'enfance d'Hitler : battu tous les jours par un père sadique, sous l'emprise d'une mère fusionnelle, et qui fut conditionné pour la haine et l'oppression de l'autre. Il n'est pas né monstre, mais c'est le résultat de l'environnement de son enfance qui l'a fait tel. Elle insiste sur le fait que, de nos jours, le droit de chaque être humain à avoir de l'estime de soi continue trop souvent à être dénigré et refusé, programmant ainsi les futurs adultes à être des victimes ou des bourreaux, passifs ou violents.

Un rapport américain notait : « Le manque d'estime de soi, individuel et collectif, est impliqué dans la plupart des maux qui affligent notre État et notre nation. » Ce sont ainsi les sociétés elles-mêmes qui ont une estime de soi dégradée – à travers des hommes et des femmes qui agissent pour la dégrader.

Les multinationales psychopathes

Certains spécialistes[1] ont constaté que de grandes entreprises et multinationales, en tant qu'entités, ont l'ensemble des comportements d'un psychopathe :

- indifférence totale aux sentiments d'autrui ;
- incapacité à maintenir des relations durables ;
- désintérêt criminel de la sécurité d'autrui ;
- imposture, mensonges répétés et escroqueries pour aboutir à ses fins ;
- incapacité à se sentir coupable ;
- non-respect des lois, sentiment de ne pas être soumis aux lois.

L'estime de soi, un besoin économique

Si le besoin psychologique et le besoin social de l'estime de soi sont maintenant reconnus, elle est aussi devenue un besoin économique important.

1. En particulier dans le documentaire canadien *The Corporation*, réalisé par Jennifer Abbott et Mark Achbar. Ce film est basé sur le livre *The Corporation, The Pathological Pursuit of Profit and Power* (*Les Multinationales, la recherche pathologique du profit et du pouvoir*) de Joel Bakan.

Il semble que tous les efforts faits pour améliorer la technologie et pour encadrer le travail (législation, consignes, etc.) atteignent actuellement leurs limites, et que les vrais défis des entreprises de notre temps soient d'ordre comportemental : que les employés doivent mettre en œuvre des qualités humaines qu'aucune technologie ni aucune législation ne pourront remplacer – et ces qualités humaines sont en rapport avec l'estime de soi.

De nos jours, les entreprises ont non seulement besoin d'un excellent niveau de connaissances et de compétences chez leurs employés, mais aussi de qualités humaines telles que : indépendance de pensée, autonomie d'action, sens de la responsabilité, confiance en ses possibilités, initiative, respect des autres - en un mot, d'estime de soi.

On remarquera également qu'une économie dégradée (qui s'accompagne souvent d'un management brutal) aura une influence sur l'estime de soi des personnes : difficile de garder une bonne estime de soi lorsque l'on est au chômage, lorsque l'on est licencié brutalement, lorsque l'on s'englue dans les difficultés financières, lorsque l'on est mis à l'écart à cause de son âge.

L'estime de soi, un problème de santé publique

Nous l'avons dit plus haut, des professionnels de notre santé mentale – psychologues, psychiatres, psychanalystes – considèrent que la plupart des problèmes que les adultes expriment dans leurs cabinets viennent d'une mauvaise estime de soi, en particulier dans l'enfance et dans l'adolescence :

- sentiment de ne pas être en phase avec la vie, de ne pas être « assez » ;
- sentiments de culpabilité, de honte ou d'infériorité ;
- sentiments d'anxiété, d'angoisse ;
- manque d'acceptation de soi, de confiance en soi, d'amour de soi ;

- tendance à la violence, violence conjugale, violence envers ses enfants ;
- mauvais résultats au travail ;
- problèmes d'alcool, de drogue ;
- sévères problèmes sexuels, immaturité émotionnelle, crainte de rapports intimes ;
- dépression, suicide.

Guérir d'une faible estime de soi

En allant plus loin sur le terrain de la santé tout court, certains chercheurs font l'association suivante : une mauvaise estime de soi conduit à un état de stress profond permanent, qui déséquilibre le système immunitaire et peut conduire à différentes maladies, de l'ulcère au cancer.

On peut donc considérer que, dans notre société contemporaine, une faible estime de soi devrait être considérée comme un énorme problème de santé publique. Guérir – au sens fort et médical du terme – une proportion substantielle de la population d'une faible estime de soi, qui s'est souvent construite pendant l'enfance et l'adolescence et qui perdure toute la vie, est un défi à la fois pour les parents, les enseignants et éducateurs, les travailleurs de la santé mentale – et pour les politiques.

L'estime de soi, système immunitaire de la conscience

De même qu'il est attaqué en permanence par des virus ou des bactéries, l'être humain, toute sa vie, sera confronté à des difficultés de tous ordres. La manière dont il y répondra dépendra bien souvent de sa force psychologique. Certaines personnes supportent des difficultés extraordinaires (la maladie, la douleur physique ou psychologique, la guerre, des échecs à répétition, le deuil, etc.) et semblent s'en sortir. D'autres se noient dans un verre d'eau. Pourquoi cela ? Cela tient pour une grande part à la qualité de l'estime de soi de la personne.

Avec une faible estime de soi, devant des difficultés ou des choix à faire, telle personne aura plus tendance à abandonner, à fuir ou à se contenter d'un résultat médiocre. Au contraire, les personnes ayant une forte estime de soi seront plus persévérantes, auront la certitude qu'elles pourront surmonter les difficultés qui se présentent, elles auront l'énergie de réagir.

Pour exprimer cela, on parle maintenant de *résilience* : la capacité d'un individu à faire face à une situation difficile ou génératrice de stress, sans être détruit. Et cette capacité vient du fond de nous-même : la croyance profonde en notre force intérieure, en notre valeur et en notre dignité.

C'est dans ce sens que l'on peut considérer l'estime de soi comme le « système immunitaire de la conscience », qui fournit résistance, force et capacité de régénération lorsque l'on est confronté à des difficultés graves.

Un système immunitaire en bonne santé ne garantit pas que vous ne tomberez jamais malade, mais il vous rend moins vulnérable à la maladie et vous permet de mieux la surmonter. De la même manière, une estime de soi en bonne santé ne signifie pas que vous ne souffrirez jamais d'anxiété ou de dépression, face aux difficultés de la vie, mais que vous serez mieux équipé pour gérer et surmonter ces passages difficiles.

Estime de soi et addictions

Le manque d'estime de soi est clairement évident dans les problèmes d'addiction. Lorsque nous devenons accros à l'alcool ou à des drogues, à la pornographie sur Internet ou aux jeux d'argent, les spécialistes y voient l'intention implicite d'échapper à la conscience de nos sentiments profonds de vide et de souffrance. Pour ceux qui sont accros, la conscience est l'ennemie, l'autodestruction se pratique dans le noir de la conscience. Vivre avec conscience, rappelons-le, est un pilier essentiel de l'estime de soi.

Estime de soi et santé mentale des adolescents

Le nombre d'ordonnances données à des enfants de moins de 16 ans pour dépression ou symptômes mentaux a quadruplé ces dix dernières années. Il semble maintenant clair qu'il y a un lien direct entre l'anxiété précoce et des tendances futures à la dépression et à l'abus de drogues. D'autres signes sont révélateurs de cet environnement anxiogène dans lequel grandissent les enfants :

- l'obésité précoce, qui touche un nombre croissant de jeunes ;
- des conduites à risque ;
- un accès à l'alcool de plus en plus tôt ;
- la tentation d'utiliser des drogues, de plus en plus fortes.

Face à ces signes peut-être faudrait-il prendre en compte un déficit en estime de soi, et mettre en place des programmes de prévention dans ce sens.

Estime de soi et tendances suicidaires

Certains chercheurs ont fait un lien entre risque suicidaire et faible estime de soi. En particulier chez les adolescents lorsque les difficultés s'accumulent (changements corporels, éloignement d'avec ses parents, problèmes scolaires, difficultés d'insertion sociale et professionnelle), ceux qui ont une faible réserve d'estime de soi sont les plus fragiles.

L'importance d'entretenir et de développer l'estime de soi

On l'aura compris : développer et entretenir une bonne estime de soi est quelque chose d'important et de fondamental pour réussir au mieux sa vie, et à tout âge. Reprenons quelques éléments vus plus haut.

D'abord chez l'enfant : on constate un lien direct entre une bonne estime de soi et les capacités de l'enfant à communiquer, à décider, à oser des choses nouvelles, à s'adapter, à analyser, à évaluer, à vivre avec les autres. Et ainsi on peut penser que construire une bonne estime de soi chez l'enfant est la meilleure préparation pour l'aider à bien grandir.

Du côté de l'école, si l'on évite de tomber dans les excès de type « japonais » (pression excessive sur l'enfant pour qu'il ait de bons résultats

scolaires) ou de type « américain » (accumulation de louanges quelles que soient les circonstances), on constate également un lien direct entre une bonne estime de soi et de bons résultats scolaires.

Chez l'adolescent, le développement et le renforcement de l'estime de soi devraient être à la base de toute stratégie visant à prévenir chez lui de nombreux problèmes de comportement liés à cet âge souvent difficile. Pour développer une bonne estime de soi, il devra en particulier vivre régulièrement des succès dans ses entreprises, que ce soit dans ses activités sportives, ses loisirs, dans sa vie amoureuse, avec ses amis et à l'école. Et au parent de le soutenir, nous l'avons vu – à la bonne distance.

Chez l'adulte, l'estime de soi va également jouer un rôle crucial dans tous les aspects de la vie : santé physique, relations amicales et affectives, choix d'un métier, réussite de la vie professionnelle, qualité de parent. Cette conscience de nous-même va nous accompagner tout au long de notre vie, pour le meilleur – ou pour le pire. À nous de l'entretenir, de l'encourager, de la faire grandir.

D'une manière plus générale, on voit donc que l'estime de soi nous permet de vivre, et de vivre mieux. Plus notre estime de soi sera forte, mieux nous serons équipé pour faire face aux difficultés de la vie, personnelles ou professionnelles, plus nous aurons l'ambition de nous réaliser : pas forcément en termes de carrière ou d'argent, mais dans notre créativité, notre vie émotionnelle, intellectuelle et spirituelle.

Inconvénients et avantages d'une faible estime de soi

L'estime de soi touche de nombreux aspects de notre personnalité, et accompagne la plupart de nos actes importants : choix de vie, réactions aux difficultés, relations sociales et affectives, éducation des enfants... On voit spontanément de nombreux inconvénients à avoir une faible estime de soi. Mais cela peut également présenter des avantages, qu'il est intéressant de noter.

Peut-on réussir avec une faible estime de soi ?

Une faible estime de soi, c'est certain, peut freiner la capacité à un réel accomplissement de l'être humain. Et nous constatons que certains se lancent dans la vie avec un « capital » bien faible en estime de soi, pour diverses raisons :

- l'environnement familial (par exemple des parents très rigides, basant leur éducation sur un autoritarisme absolu) ;
- l'école (par exemple lorsque l'enfant croise sur son chemin des enseignants destructeurs) ;
- la société (par exemple lorsque l'enfant vit dans un environnement déstructuré, ou violent) ;
- des événements extérieurs, des traumatismes (par exemple lorsque l'enfant vit des deuils profonds, la guerre, la misère, l'humiliation due à son sexe ou à sa religion).

Et pourtant, des enfants qui ont vécu dans des environnements très difficiles arrivent à développer une estime de soi en acier trempé – peut-être justement parce que l'estime de soi est pour eux une nécessité pour survivre, physiquement ou psychologiquement.

Donner l'illusion d'une bonne estime de soi

Il y a des réussites extérieures qui cachent une faible estime de soi, par exemple :

- Il sera possible de réussir dans sa vie professionnelle, mais avec la peur cachée et permanente d'un échec.

- Nous pourrons apparaître comme brillant, à travers des succès professionnels accumulés, et nous savoir au fond de nous comme parfaitement ignoble, parce que nous savons que ces réussites ont été fondées sur l'écrasement des autres.
- Nous pourrons donner l'illusion d'être un bon parent, de « bien élever nos enfants », tout en sachant le prix élevé que nous leur faisons payer pour satisfaire nos désirs ou nos envies d'être jugé positivement à travers eux.
- Nous pourrons accumuler les succès dans nos relations amoureuses, tout en sachant qu'elles ne peuvent remplir un grand vide existentiel au fond de nous, etc.

Les conséquences d'une faible estime de soi

Si le manque d'estime de soi n'est pas mortel, il peut cependant influer grandement sur le cours de notre destinée :

- un mauvais choix de conjoint ;
- un métier non ou mal choisi, qui ne nous permet pas de nous épanouir ;
- des difficultés à décider, à faire des choix ;
- des aspirations qui sont toujours sabotées ;
- des idées prometteuses qui restent mort-nées ;
- une incapacité à savourer les réussites ;
- des habitudes de vie destructrices ;
- des rêves jamais réalisés ;

- une anxiété chronique ou une dépression ;
- une faible résistance à la maladie ;
- une dépendance aux drogues, à l'alcool ;
- une faim insatiable d'amour et d'approbation ;
- des enfants qui nous échappent, refusent tout ce en quoi nous croyons, qui n'apprennent rien du respect de soi ou de la joie de vivre ;
- en bref, une vie qui ressemble à une longue succession de défaites.

Heureusement, rien n'est jamais perdu. Et vouloir développer une estime de soi harmonieuse chez son enfant peut être une occasion merveilleuse pour faire grandir chez le parent son estime de soi : *grandir ensemble* !

Les avantages d'une faible estime de soi

Si la vie est souvent difficile lorsque l'on a une faible estime de soi, cela a également certains avantages, notons-le :

- Ayant une vision plutôt médiocre de nous-même, nous serons prêt à beaucoup de concessions et de renoncements, ce qui nous permettra d'être apprécié des autres.
- Vu de l'extérieur, nous serons souvent considéré comme « modeste », et la modestie est considérée comme une vertu (au contraire des personnes ayant une forte estime de soi, que l'on accusera volontiers de vantardise).
- Comme nous manquons de confiance en nous-même, nous demanderons volontiers des avis et des conseils autour de nous, nous serons ainsi moins impulsif – ce qui pourra nous faire prendre de meilleures décisions et finalement s'avérer très positif.
- Comme nous prenons peu de risques, nous nous lançons peu dans des projets. Nous aurons sans doute une vie plus terne, mais plus stable, avec moins de heurts – et vivrons ainsi une vie globalement heureuse.

Inconvénients d'une bonne estime de soi

L'estime de soi a cette particularité que certaines de ses composantes peuvent dévier vers des comportements qui n'ont plus rien à voir avec une saine estime de soi.

Par exemple, l'estime de soi développe la *confiance en soi*, ce qui est bien. Mais l'on peut facilement passer de la confiance en soi à la prétention, l'arrogance, la morgue, la vanité, la suffisance ou la fatuité : la limite peut vite être franchie, avec de fâcheuses conséquences.

Cette confiance en soi peut pousser à prendre des risques accrus et inconsidérés : il a été montré que certaines personnes, ayant une forte confiance en soi, possédaient plus volontiers des motos, conduisaient plus souvent sous l'influence de l'alcool, faisaient plus d'excès de vitesse, tout en ne s'estimant pas responsables de leurs erreurs et de leurs déviances.

Le sentiment de *compétence* que développe l'estime de soi peut également se transformer en sentiment (supposé) de pouvoir tout accomplir, et donner une sur-confiance délirante en ses capacités. Les exemples sont nombreux dans l'Histoire (de la bataille d'Azincourt au Chemin des Dames), dans l'économie (entreprises victimes d'investissements disproportionnés, certitude d'être les meilleurs et manque de vigilance technologique), en politique (sentiment que tout est permis, dès lors que l'on est au pouvoir), en sport.

Une estime de soi forte peut également dévier vers l'obstination, même lorsque l'erreur est patente, même lorsque le bon sens et les conseils extérieurs devraient nous pousser à revoir nos positions, à changer notre mode d'action : on se sent fort, et l'on pense que cette force nous fera tout réussir – jusqu'à ce que la réalité nous rattrape.

Ne jugeons donc pas de l'importance (ou non) de l'estime de soi à travers ses déviances.

Mais n'oublions pas non plus qu'une forte estime de soi peut faire dévier la personnalité vers des comportements destructeurs.

PARTIE V

COMPLÉMENTS

CHAPITRE 13

AUTRES PISTES POUR CONSTRUIRE ET DÉVELOPPER L'ESTIME DE SOI DE L'ENFANT ET DE L'ADOLESCENT

Au programme

- Cultiver les « mémoires de succès »
- Aider l'enfant à être visible
- Valoriser les compétences plutôt que les notes
- Le calendrier de fierté
- À l'école : le *Circle Time*
- La lettre du futur : s'imaginer être grand-père ou grand-mère, et raconter sa vie
- Les signes de reconnaissance

Nous avons progressivement découvert un ensemble d'éléments qui peuvent aider le parent à entretenir et à développer une bonne estime de soi chez leur enfant, dans les diverses circonstances de la vie qu'il va rencontrer.

Voici quelques pistes complémentaires qui pourront être utiles aux parents, aux enseignants et aux adultes ayant charge d'enfants et d'adolescents.

Cultiver les « mémoires de succès »

Si un enfant refuse d'essayer de faire quelque chose parce qu'il n'est pas certain de réussir, il ne saura jamais s'il aurait été capable de faire cette chose. Dans ce refus, il s'appuie en général sur des « mémoires d'échecs » qui ont été sanctionnés dans le passé.

L'enfant (comme l'adulte...) ne peut réussir quelque chose que parce qu'il se souvient d'avoir réussi quelque chose d'équivalent dans le passé : ce que l'on appelle les « mémoires de succès ».

Il ne s'agit pas forcément de grandes choses, comme d'avoir été premier à un contrôle de mathématiques ou d'avoir réussi à jongler devant 300 personnes : cela peut être de toutes petites choses, des petites victoires qui donnent ce sentiment intense d'avoir bien réussi, et qui ont été pour l'enfant ou l'adolescent de grandes victoires : la première fois que nous avons fait du vélo sans petites roues, ou cette fois-là où nous avons failli battre au tennis quelqu'un de bien meilleur que nous,

ou une partie d'échecs où nous avons été bien concentré, ou ce devoir de français où nous avons eu 16/20, etc.

D'une manière inverse, certains parents (et enseignants) relèvent plus souvent les fautes que les réussites, imposent l'idée que la réussite est « normale » (donc on n'en parle pas) et l'erreur « anormale » – en y ajoutant parfois l'idée moralisatrice qu'il n'est pas bon de se vanter, qu'il faut développer la modestie chez les enfants. Ce refus de reconnaître les succès n'aide ni à faire grandir, ni à enraciner la confiance en soi et l'estime de soi de l'enfant.

L'enfant (puis l'adulte) risque de développer ce que les psychologues appellent le *syndrome de l'imposteur*, dont nous avons déjà parlé plus haut : tout échec est normal, toute réussite est anormale (due à la chance, ou au hasard, ou à une intervention extérieure).

Au parent (et à l'enseignant), donc, de rappeler régulièrement à l'enfant ses succès passés, fondements de ses succès futurs. Et il faut parfois créer ou saisir les occasions : enfants comme adultes, nous avons tous envie de parler de nos succès, mais nous n'avons pas forcément des occasions de le faire. Faire un lien entre une action présente et un succès passé permettra à l'enfant d'aborder avec plus de confiance la nouveauté.

Mais attention : comme en toute chose, il y a une juste mesure à garder dans la reconnaissance des réussites et des succès de l'enfant ; et il faut que ce soient des succès et des réussites qui ont eu du sens pour lui.

Aider l'enfant à être visible

Qui n'a pas eu, un jour ou l'autre, ce sentiment désagréable d'être « invisible » aux autres ? Dans certaines occasions, nous savons pertinemment que nous pouvons participer ou apporter quelque chose, mais nous n'existons pas, personne ne s'intéresse à ce que nous pouvons dire, penser, sentir ou faire.

C'est un sentiment qui est courant chez beaucoup d'enfants, à la maison ou à l'école, lorsqu'ils pensent (à tort ou à raison) qu'ils « n'existent pas » pour leur parent ou un enseignant. C'est pourquoi il est important d'aider son enfant, par des moyens positifs, à se rendre « visible », à lui-même comme aux autres.

Cette *visibilité psychologique* est importante pour développer l'estime de soi, et permet d'éviter chez l'enfant ou le jeune des comportements dérangeants ou destructeurs : comportements d'exclusion volontaire par rapport à un groupe (on refuse de participer), violence vis-à-vis de soi ou des autres (pour se faire remarquer), appartenance à des groupes aux règles douteuses (pour rechercher une reconnaissance), etc.

Pour aider l'enfant à « devenir visible », voici différentes pistes[1] :

- **Rappelez régulièrement à votre enfant des succès passés.** Les « mémoires de succès », dont nous parlions ci-dessus, aident également l'enfant à devenir visible. Trouvez ou provoquez l'occasion de noter ces succès et ces réussites sous une forme visible, par exemple en créant un « panneau à succès », une « boîte à succès » ou un « dossier des succès », et en y revenant en cas de difficulté ou de passage à vide de l'enfant.

1. D'après Jon Pearson, dans *Drawing on the inventive mind : Exercises in thinking, language and self-esteem.*

Nous voulons tous être remarqués

Lorsque l'on a des problèmes avec un enfant, il faut s'assurer que l'on sait ce qu'il aime faire et ce à quoi il est vraiment bon. Et lui faire comprendre que vous le savez, par des moyens très concrets. N'importe quel parent peut dire : « Je t'aime, mon chéri. » Mais quand vous lui demandez : « Comment va ton élevage de hamsters ? », ou : « À quel niveau de *Prince of Persia* tu es arrivé ? », cela prouve que vous connaissez bien votre enfant. Nous voulons tous être remarqués.

- **Dites-lui ce que vous appréciez chez lui.** Proposez à votre enfant (lors d'une situation particulière : anniversaire, ou lors d'une passe difficile qu'il traverse) que vous, votre conjoint ou d'autres personnes de la famille, disent ou écrivent ce qu'ils apprécient chez lui. Il constatera ainsi que ses parents (et d'autres personnes autour de lui) remarquent, apprécient et respectent chez lui des tas de choses dont lui-même ne s'était pas rendu compte. Cela a beaucoup de force.
- **Demandez-lui de vous apprendre des choses dans les domaines qui l'intéressent.** Par exemple, même si vous détestez la musique qu'il écoute, que cela ne vous empêche pas de lui demander à l'occasion de vous en parler, comme si vous vous y intéressiez vraiment. Et vous constaterez souvent que, lorsque vous faites semblant de vous intéresser ne serait-ce que quelques instants à un sujet quelconque, vous commencez à vous y intéresser pour de bon.
- **Donnez-lui des « signes de reconnaissance » clairs et constructifs.** Nous verrons ci-dessous qu'il y a différentes manières, positives ou destructrices, de « reconnaître » les actes de son enfant. Ces signes de reconnaissance peuvent aider l'enfant à devenir visible – ou peuvent l'en empêcher.
- **Aidez-le à faire des listes de choses positives.** Un jour où votre enfant est disponible de corps et d'esprit, ou bien lorsque vous sentez qu'il traverse une passe où ses échecs tiennent une place envahissante, demandez-lui de faire progressivement quatre listes :
  1. D'abord, demandez-lui de prendre une feuille et d'écrire (ou bien de vous dicter, si c'est vous qui écrivez) une liste de tout ce qu'il fait *par plaisir*. Nous avons presque tous une vague idée de ce que

nous faisons par plaisir mais quand on en fait concrètement la liste, on arrive à se rendre plus visible à soi-même. Pour certains enfants, ce sera difficile au début. L'enfant indiquera par exemple : « manger, nager, dormir », mais avec le temps, la liste s'allonge et se précise *(« J'aime manger, nager, faire de la bicyclette, regarder la télévision après avoir fini mes devoirs, collectionner des insectes, jouer à la marelle, feuilleter des atlas, manger des caramels »)*. Cette prise de conscience va pousser l'enfant à créer plus d'occasions dans sa vie à faire des choses qui lui font plaisir, à trouver des façons plus ingénieuses de prendre plaisir à ce qu'il fait. Cela peut pousser également à transformer des activités non plaisantes en des activités plaisantes : il existe bien souvent des moyens concrets de trouver plus de plaisir à tout ce que l'on fait.

2. Ensuite, proposez-lui de faire une seconde liste avec ce qu'il sait *bien faire* (du plus simple aux actions compliquées, subtiles, inhabituelles).

   Là encore, il aura peut-être quelques difficultés au début, et il faudra l'aider à voir dans sa vie tout un tas de petites et grandes activités qu'il fait bien. Par exemple, tel enfant pensera peut-être qu'il n'est « bon à rien » et puis, à y réfléchir, il se rendra compte qu'il est doué pour organiser des jeux pendant la récréation, s'occuper des chats abandonnés, faire des gâteaux au chocolat, calmer sa petite sœur quand elle pleure, réparer l'ordinateur de sa maman, faire des sandwichs au thon – qui sait ?

   Souvent, les enfants ont une mauvaise image d'eux-mêmes parce qu'ils ne sont pas bons dans les matières scolaires. Pourtant, ils sont très doués pour faire certaines choses très compliquées, subtiles et inhabituelles. Il faut les aider à en prendre conscience.

3. Puis proposez-lui de faire une troisième liste de toutes les *victoires* qu'il a pu remporter. Ces succès et ces victoires, comme nous l'avons vu plus haut, seront, selon les cas, modestes ou grandioses. Ce ne sera pas nécessairement être premier en classe dans toutes les matières, ce sera peut-être simplement : faire traverser une vieille dame au feu rouge ; changer la couche de son petit frère sans qu'il pleure ; faire une partie de Monopoly jusqu'au bout sans

s'énerver. Puis progressivement, aidez-le à élargir le champ de ces « victoires ».

Quand on sait vraiment apprécier les succès, grands et petits, ils embellissent la vie et rendent forts pour surmonter les difficultés lorsqu'elles se présentent.

4. Enfin, proposez-lui de faire une liste de ses *héros* et *héroïnes* : les enfants ont besoin de bons modèles pour se structurer. Souvent, il commencera sa liste par des chanteurs à la mode et des sportifs. Pourquoi pas ? Faites-lui dresser une liste de noms. Puis, au bout de quelques minutes, demandez-lui de tirer un trait sous le dernier nom et de continuer sa liste, mais sans plus citer ni chanteurs ni sportifs. À ce moment-là, il sera bien obligé de se creuser la tête. Précisez-lui qu'il peut n'indiquer qu'une ou plusieurs parties de ce qui lui plaît chez tel ou telle personne : il va citer son papa pour réparer les freins de son vélo, sa maman pour lui raconter une histoire le soir et lui faire un câlin, Napoléon ou Pasteur, ou le voisin d'en face qui lui apprend à bricoler. Gardez disponibles ces listes, pour les ressortir et les compléter régulièrement lorsque cela peut aider l'enfant. Ainsi, progressivement, votre enfant va commencer à être plus visible à lui-même et plus visible aux autres. Il pourra faire des rêves d'avenir tout en connaissant mieux ses capacités. Et son estime de soi s'en portera mieux.

L'histoire de Mark et de Sœur Helen

Mark E., jeune Américain, faisait le désespoir de son professeur de mathématiques, Sœur Helen : il n'arrêtait pas de parler en classe sans y être autorisé. Elle devait trop souvent le reprendre, et s'attirait en retour cette remarque, moitié ironique : « *Merci de me corriger, ma Sœur !* »

Un jour – c'était un vendredi, les choses se passaient vraiment mal dans la classe de Sœur Helen. Elle sentait une agressivité latente entre les élèves, qu'elle devait stopper d'une manière ou d'une autre.

Elle a alors l'idée suivante : elle demande à chaque enfant de faire la liste de tous les autres élèves, en laissant un espace entre chaque nom. Puis elle leur demande d'écrire après chaque nom la chose la plus sympa qu'ils reconnaissent chez chaque élève.

Le lendemain samedi, elle recopie sur une feuille, pour chaque élève, tout ce que les autres ont dit sur lui. Et le lundi, elle donne à chacun la feuille qui lui correspond, et laisse chacun la lire. Elle entend ici et là des remarques, comme : « *C'est vrai ?* » ou « *Je ne pensais pas que ça pouvait intéresser quelqu'un !* ». Après ça, les choses allèrent mieux en classe. Puis le temps passa, et Sœur Helen n'entendit plus parler de ces papiers.

Plusieurs années après – elle travaillait maintenant ailleurs –, Sœur Helen revint voir ses parents dans la ville où elle avait enseigné. Après l'avoir accueillie, son père lui dit : « Les E. ont appelé hier soir.

– Ah, dit Sœur Helen, comment va Mark ?

– Mark a été tué au Vietnam, et son enterrement est demain ; les parents de Mark souhaiteraient que tu viennes. »

Le lendemain, l'église est pleine à craquer. Beaucoup d'amis et d'anciens camarades de classe de Mark sont là. Pendant la cérémonie, l'un des camarades militaires de Mark s'approche d'elle et lui demande : « *Vous étiez le professeur de maths de Mark ?*

– *Oui,* répond Sœur Helen.

– *Il parlait souvent de vous.* »

À la fin des funérailles, les parents de Mark souhaitèrent lui dire quelques mots en particulier. « Nous voudrions vous montrer quelque chose, lui dirent-ils. On a trouvé ça sur le corps de Mark lorsqu'il a été tué, nous avons pensé que cela vous dirait peut-être quelque chose ». Le père sortit précautionneusement de sa poche deux feuilles de papier, à moitié déchirées d'avoir été trop manipulées et recollées. Sœur Helen reconnut aussitôt la liste des « choses les plus sympas » qu'avaient écrit ses camarades, et qu'elle avait recopiée.

« *Merci d'avoir fait cela,* dit le père. *Comme vous voyez, Mark y tenait beaucoup.* »

D'anciens camarades de classe les entouraient maintenant. L'un ajouta : « *Je n'ai jamais perdu la mienne, elle est dans le tiroir du haut de mon bureau.* » La femme d'un autre dit : « *Chuck m'a demandé de la mettre dans notre album de mariage.* » Une autre jeune femme ajouta : « *Elle est dans mon journal personnel.* » Une autre encore fouilla dans son sac et sortit sa liste : « *Je l'emporte toujours avec moi. Je crois que nous l'avons tous gardée.* »

Valoriser les compétences plutôt que les notes

L'école, à travers un système de notes fondé sur la mythique moyenne de 10/20, apprend à l'enfant que faire les choses à moitié est un résultat acceptable et même souhaitable, idée qu'il risque de conserver toute sa vie, à son détriment. Difficile d'ailleurs pour lui de faire autrement : par exemple, d'après les spécialistes, aucun adulte (aucun !), aussi brillant soit-il, ne possède l'ensemble du programme de la classe de seconde.

Plutôt que de « jouer le jeu » de ce système de notes, il est beaucoup plus formateur et enrichissant pour la personnalité de l'enfant (ou du jeune) de valoriser des compétences qu'il a acquises, de remarquer qu'il est capable de faire correctement telle ou telle chose.

Cette notion de « compétence acquise » est entrée dans la démarche de l'école primaire, puis se perd lors des études secondaires, pour (parfois) réapparaître dans les centres d'apprentissage sous forme de certifications.

Valoriser les compétences, cela peut aussi s'appliquer au milieu familial, surtout si l'enfant a des difficultés à l'école (de « mauvaises notes » !) : le parent pourra s'attacher à montrer régulièrement à l'enfant ses compétences, dans des domaines très variés : faire tel plat, réparer l'ordinateur, accueillir des visiteurs, fabriquer des machines en Lego qui fonctionnent, écrire des poèmes bien rimés, faire des photos bien cadrées, etc.

Inversement, si le parent ne juge des « compétences » de son enfant qu'à travers ses résultats scolaires (qu'ils soient d'ailleurs bons ou mauvais), il rétrécit l'ensemble des compétences possibles que l'enfant peut développer.

Le calendrier de fierté

À travers cette petite activité, il s'agit ici de proposer tous les soirs à l'enfant, sur un calendrier laissant de l'espace pour chaque jour, de revoir les événements marquants de la journée et d'écrire un événement particulier dont il peut être fier :

- « J'ai fait une tarte aux pommes avec Maman, et elle était bonne. »
- « Je me suis réconciliée avec Natacha. »
- « J'ai eu une bonne note à ma dictée de mots. »
- « J'ai fait un dessin pour Mamie. »
- « J'ai joué sans faute mon morceau de piano. »
- « J'ai fini le troisième tome de *Harry Potter.* »

À l'école : le *Circle Time*

Le principe du *Circle Time* est particulièrement simple : il s'agit de mettre un groupe de personnes en cercle, et de leur proposer un thème ou un processus particulier. Pourquoi en cercle ? Parce que c'est la meilleure forme qui permet l'interaction, la collaboration, et qui crée un sentiment de sécurité, d'identité et d'appartenance.

Derrière cette simplicité se cache une grande force, et il a été remarqué que le *Circle Time* pouvait avoir une grande influence sur le développement de l'estime de soi des enfants, des adolescents – et également sur celle des adultes[1].

Les règles

Les règles du *Circle Time* (que l'on peut adapter ou modifier en accord avec les participants) sont les suivantes :

- On se met en cercle, assis ou debout.
- On fixe un thème ou une manière de faire.
- Une seule personne parle à la fois.
- Chacun parle à son tour.
- Il n'y a pas d'obligation de parler, on peut passer son tour.
- On s'écoute, on n'interrompt pas l'autre quand il parle.

1. Le *Circle Time* a été au départ développé essentiellement dans le monde anglo-saxon. On pourra se reporter au livre *Magic Circle – Self-esteem for Everyone in Circle Time*, de Murray White (bibliographie).

- On ne commente pas ce que dit l'autre.
- Pas de moquerie sur ce qui est dit.
- Si l'on n'a que des choses négatives à dire, il vaut mieux ne pas parler.
- Dans ce que l'on dit, on s'attache à voir le côté positif.
- Ce qui est dit restera confidentiel.

Les conseils

Voici également des conseils pour un bon déroulement :

- Commencer ce que l'on dit par : *Je pense que...*, *Je crois que...*, pour bien montrer que c'est une opinion ; ainsi ce qui est dit est acceptable sans contradiction par ceux qui écoutent.
- S'il arrive – ce qui est courant au départ – que des comportements négatifs resurgissent (contradiction, discussions, querelles, remarques déplaisantes), rappeler poliment mais fermement les règles, en précisant que les intéressés pourront continuer leurs discussions ou leurs querelles plus tard s'ils le souhaitent – mais en dehors du *Circle Time*.
- Si des participants (par exemple des enfants timides) passent leur tour, leur donner une autre occasion de parler un peu plus tard, s'ils le souhaitent.
- Toutes les personnes présentes participent au *Circle Time* (même en ne disant rien) ; il n'y a pas d'observateurs.

Quelques exemples

- **Le *chaudoudou* du jour.** Chacun à tour de rôle raconte quelque chose de *positif* et d'*inhabituel* qui lui est arrivé dans les dernières vingt-quatre heures.
- **Forum de discussion** sur un thème d'actualité ou sur un thème de vie, où chacun peut donner son avis (une balle en mousse peut servir à distinguer celui qui a la parole).

- **Finir une phrase :**
  - *Mon sentiment en venant ce matin au lycée...*
  - *L'endroit que je préfère chez moi...*
  - *Si je pouvais faire ce que je voulais...*
  - *Ma plus belle réussite dont je me souvienne...*
  - *Je me sens vraiment bien lorsque...*
  - *Si j'étais un animal/un objet, je serais...*
  - *J'aime les gens qui...*
  - *Aujourd'hui, j'aimerais que...*
  - *L'école serait mieux si...*
  - *Si j'étais prof, je...*
  - *L'amour, c'est...*
  - *L'amitié, c'est...*
  - *Le respect, c'est...*
  - *La rigueur, c'est...*
  - *L'honnêteté, c'est...*
- **Le « cercle d'anniversaire ».** Lors de l'anniversaire d'un enfant ou d'un adolescent, celui-ci est au centre du cercle, et les autres disent une phrase commençant par « *Je suis heureux que tu sois né(e) parce que...* ».

Intérêts du *Circle Time*

Le *Circle Time* a des effets très bénéfiques, et directement reliés au développement de l'estime de soi de l'enfant ou du jeune :

- Il apprend qu'il peut être apprécié et qu'il peut s'affirmer en tant que personne.
- Il peut donner son avis, émettre des opinions, faire savoir aux autres ce qu'il pense et ce en quoi il croit.

- Pendant un moment, il n'est pas jugé uniquement en fonction de ses résultats scolaires.
- Il peut exprimer des émotions, sans qu'elles soient jugées ou moquées.
- Il apprend les règles de l'écoute mutuelle : on écoute ce que dit l'autre, sans l'interrompre.
- Il apprend à considérer les autres d'une manière plus positive.
- Il apprend à respecter les autres dans leur différence.
- Il découvre qu'il y a des alternatives aux comportements agressifs, et qu'il peut tirer des bénéfices personnels en restant dans les limites imposées d'écoute, de parole et de respect mutuel.
- Il apprend à parler devant les autres, à clarifier sa pensée, il développe son assurance à s'exprimer.
- Il réfléchit à sa vie de tous les jours, lui permettant de développer une meilleure conscience de ce qu'il vit.
- Il modifie progressivement sa personnalité d'une manière plus positive, ce qu'il conservera toute sa vie.

À travers le *Circle Time*, beaucoup d'enfants (et en particulier ceux qui vivent dans des environnements familiaux difficiles) vont ainsi découvrir qu'ils peuvent être capables à la fois de bonheur, de succès et de respect.

De nouveaux comportements pourront alors émerger chez les enfants :

- Là où ils agissaient auparavant avec agressivité ou passivité, ils vont découvrir les avantages de l'assurance et de la compétence.
- Les comportements destructeurs pourront progressivement se dissoudre, au fur et à mesure qu'ils vont comprendre que le support du groupe peut être intéressant à leur propre avantage.
- Une harmonie pourra s'installer dans le groupe, pour le bénéfice de tous – et permettre de meilleurs apprentissages !

On voit ainsi que le *Circle Time*, en particulier à travers des *phrases à finir* bien choisies, permet de développer les éléments fondamentaux de l'estime de soi :

- un sentiment de sécurité ;
- un sentiment d'identité ;
- un sentiment d'appartenance ;
- un sentiment de but, de projection positive dans l'avenir ;
- un sentiment de compétence.

La lettre du futur : s'imaginer être grand-père ou grand-mère, et raconter sa vie

Se projeter dans l'avenir est une manière de se « programmer » pour faire en sorte que cet avenir se réalise. Un jour où votre enfant est disponible de corps et d'esprit, proposez-lui l'activité suivante.

Il va s'imaginer devenu(e) grand-père ou grand-mère, assis(e) au coin d'une cheminée. Demandez-lui de décrire en détail son environnement (où se trouve la maison, comment est-elle meublée et décorée, qu'est-ce qui est prévu pour le repas, etc.) afin qu'il se projette le plus possible dans ce décor du futur.

Il/elle est entouré(e) de nombreux petits-enfants, assis tout autour, et qui lui demandent : « *Alors, grand-père/grand-mère, raconte-nous :*

- *quand tu étais enfant ;*
- *quand tu as grandi, quand tu as fait des études (lesquelles ?) ;*
- *quand tu as rencontré Mamie/Papy, quand tu as eu des enfants ;*
- *ton métier, tes voyages ;*
- *tes rencontres, tes amis ;*
- *les difficultés que tu as rencontrées, et comment tu les as surmontées ;*
- *tes moments de grand bonheur ;*
- *ce que tu souhaiterais pour nous, tes petits-enfants...* »

Les résultats de cette activité sont souvent étonnants, en particulier pour les enfants et les jeunes qui manquent d'estime de soi ou qui traversent une phase difficile.

Les signes de reconnaissance

Pour faire grandir l'enfant, faut-il le complimenter ou le critiquer ? Beaucoup de parents se sentent enfermés dans ce dilemme.

Le parent aimant, soucieux de développer l'estime de soi de son enfant, pourra croire que le meilleur moyen est de le complimenter en permanence. Mais des compliments sans raisons peuvent faire autant de mal à l'estime de soi que des critiques inappropriées. Des louanges globales, non discriminées, extravagantes, au mieux ne marcheront pas, au pire auront un effet contraire, rendant l'enfant anxieux de ne pas être à la hauteur de ces compliments et de ces louanges. Ou bien il deviendra accro aux compliments venant de l'extérieur, et incapable de s'évaluer correctement.

De même pour les critiques : personne n'est devenu « bon » en étant en permanence informé qu'il était « mauvais ». Beaucoup d'adultes entendent encore la voix internalisée de leur père ou de leur mère en train de leur dire : « *Tu es mauvais, stupide, nul, sans valeur, bon à rien.* »

À travers les compliments, les louanges ou les critiques que font les parents, il s'agit d'envoyer à l'enfant une *réaction* à ce qu'il dit ou ce qu'il fait. Il en a besoin pour former sa personnalité, pour forger ses propres valeurs, pour se sentir reconnu, pour être visible à lui-même et aux autres.

Pour cela, on peut lui envoyer régulièrement ce que l'on appelle des *signes de reconnaissance*. Mais attention : il y a des signes de reconnaissance qui aident l'enfant à grandir, et d'autres qui le détruisent !

Caractéristiques des signes de reconnaissance

Les signes de reconnaissance peuvent concerner :

- l'individu lui-même (I)
- ou ses comportements (C).

Ils peuvent être :

- positifs (I^+, C^+)
- ou négatifs (I^-, C^-).

Les signes de reconnaissance peuvent être de différents ordres :

- verbaux (parler, se taire) ;
- non verbaux (gestes, regards, mimiques, clin d'œil).

Les quatre types de signes de reconnaissance

La destruction de la personnalité, le déni : I⁻

Certains signes de reconnaissance peuvent détruire la personnalité de l'enfant (ou de l'adulte...), car ils sont des dénis de personnalité : on s'adresse à l'individu (**I**) d'une manière négative (**I⁻**). Par voie de conséquence, l'enfant pensera qu'il est nul et incompétent, parce qu'on le lui a dit depuis toujours et qu'on lui répète indéfiniment.

Exemples :

- *« Espèce de lavette, tu n'as pas le courage de monter sur cet arbre ? J'y montais quand j'étais bien plus jeune que toi ! »*
- *« Il n'y a vraiment rien à tirer de toi. La règle de trois, c'est pourtant simple à comprendre ! »*
- L'enseignant rend un mauvais contrôle à l'enfant : *« Tu es vraiment nulle ! »*
- L'institutrice aux parents : *« Je ne sais vraiment pas ce que vous allez en faire ! »*
- *« Tu n'es qu'un menteur ! »* (sous-entendu : tu es comme ça depuis toujours et pour toujours).
- *« Tu n'es qu'un minable, et tu te permets de me parler sur ce ton ? »*

Comme dans « l'effet Pygmalion », il est important de savoir qu'un enfant, surtout petit, aura tendance à se conformer à ce que ses parents (qui représentent son idéal) disent de lui, et prendra au premier degré certaines phrases ou certains mots, comme « *Tu es nul* », « *Quel maladroit !* », « *Tu n'es qu'un raté* », « *Tu n'es pas une matheuse, d'ailleurs moi j'étais nulle en maths* », etc. L'enfant absorbe ces mots comme s'ils étaient la vérité, et cherche à s'y conformer. Il devient ce que l'on dit de lui. Et, lorsque cela sera arrivé, le parent conclura par « *Je te l'avais bien dit !* »

La construction de la personnalité : C⁻

En relevant un comportement négatif, on prend bien soin de faire prendre conscience à l'enfant que c'est l'acte qui est négatif, et non sa personnalité. Et on le fait avec bienveillance.

Par exemple :

- *« C'est plus sympa de partager tes jouets avec tes copines. »*
- L'enseignant rend un mauvais contrôle à l'enfant : *« Tu ne sembles pas avoir vraiment étudié cette leçon, je pense que tu peux faire mieux. »*
- *« Je te rappelle que c'est ton tour de vider la machine à laver »* et non : *« Tu ne fais jamais rien dans cette maison ! »*
- *« Tu as raté ton contrôle de maths »* et non : *« Tu es nul ! »*
- *« Tu as oublié de sortir le chien »* et non : *« On ne peut vraiment pas te faire confiance ! »*

Le fait de relever ses comportements négatifs permet à l'enfant de bien prendre conscience du cadre dans lequel il vit, et des règles et des valeurs qui fixent ce cadre. Cela lui permet de se structurer.

Réalisation de soi, la confiance en soi : C⁺

Pour développer d'une manière positive la personnalité de l'enfant et sa confiance en soi, on pourra relever, souligner et mettre en avant ses comportements positifs.

Par exemple :

- *« J'aime bien ta réflexion sur l'importance de protéger la planète. »*
- *« Chouette ton T-shirt ! »*
- *« Wahou, t'as eu 17 en dessin ?! »*
- *« Merci pour ton aide ! »*

Estime de soi : I⁺

Pour développer l'estime de soi de l'enfant, ses qualités et ses compétences sont mises en avant et soulignées, avec précautions.

Exemples :

- *« Tu es douée en rédaction. »*
- *« Tu as de la facilité à te concentrer. »*
- *« Tu es sacrément habile avec tes mains, on va faire un bricolage ensemble. »*
- *« Bravo pour tes photos, elles sont variées et bien cadrées, agréables à regarder, on va en choisir deux ou trois à mettre au mur. »*
- *« Tiens, toi qui es douée en informatique, tu pourrais m'aider à passer sous Linux ? »*

De la même manière et pour la même raison que ci-dessus, mais positivement, l'enfant pourra transformer en vérité ce qui n'est qu'en devenir : « *Tu es doué pour les langues* » ; « *Tu as un bon coup de crayon, dis donc* ».

Quelques précautions

- Les signes de reconnaissance I^+ doivent être honnêtes et vrais, sincères et réalistes : éviter absolument des réactions hypocrites. Les enfants ont des jugements de valeur qu'ils ont besoin de confronter à ceux des adultes. S'ils sentent que l'adulte triche dans ses signes de reconnaissance, ils ne peuvent pas construire correctement leur propre système de valeurs.
- Ne pas dépasser les capacités réelles de l'enfant : des signes de reconnaissance I^- exagérés risquent de créer de l'anxiété et de l'incompréhension chez l'enfant.
- Il y a pire que le I^- : le fait d'ignorer totalement l'enfant, de ne lui envoyer aucun signe de reconnaissance. Si l'enfant devient insupportable, c'est peut-être parce que c'est la seule façon qu'il trouve de ne pas être ignoré.

Quelques formules...

Les signes de reconnaissance se succèdent dans la vie de l'enfant, venant de ses parents, des enseignants, d'autres adultes. Attention encore : une accumulation de tel ou tel signe de reconnaissance peut avoir des conséquences positives ou négatives.

Par exemple, un signe de reconnaissance **C^-** permet à l'enfant de se construire. Mais une accumulation de **C^-** peut se transformer en un déni de personnalité, donc en **I^-** : si l'on dit à longueur de journée à l'enfant que ses comportements sont négatifs, il va finir par en déduire que c'est sa personnalité qui est vraiment nulle.

D'où la première formule :

$$C^- + C^- + C^- + C^- = I^-$$

En revanche, si l'on fait en sorte de relever de manière équilibrée ses comportements positifs et ses comportements négatifs, on permettra à l'enfant de bien construire sa personnalité, sur des bases saines.

D'où la deuxième formule :

$$C^- + C^+ + C^- + C^+ = \text{équilibre + aide à la construction de la personnalité}$$

En cas de besoin, par exemple si l'enfant manque grandement de confiance en soi, on pourra provisoirement augmenter les **C^+** pour jouer positivement sur sa personnalité, avec cette troisième formule :

$$C^+ + C^+ + C^+ = I^+$$

Intérêt des signes de reconnaissance

Envoyer des signes de reconnaissance à l'enfant est une attitude, un comportement basé sur l'écoute, la disponibilité et le respect de la personnalité de l'enfant.

La manière d'envoyer ces signes de reconnaissance, bien entendu, pourra différer selon le parent ou l'adulte. Ils doivent participer à créer un environnement chaleureux pour l'enfant, et pourront s'exprimer de différentes manières : en paroles, en gestes, en attitudes... Un clin d'œil ou un froncement de nez pourront être tout aussi explicites et efficaces qu'un compliment ou une remontrance verbale.

On voit ainsi l'intérêt que peuvent jouer les signes de reconnaissance pour développer et renforcer l'estime de soi de l'enfant. Lorsque l'enfant a une bonne estime de soi :

- Il ne se laissera pas détruire par un $\mathbf{I}^-$ (il en recevra toujours, un jour ou l'autre).
- Il saura prendre du recul sur un $\mathbf{I}^+$, et lui donner sa juste valeur (sans se surestimer ni se dévaloriser).

CHAPITRE 14

POUR ALLER PLUS LOIN...

Au programme

- Estime de soi et recherche du bonheur
- Estime de soi et relations amoureuses
- Estime de soi et travail
- Estime de soi et créativité
- Estime de soi et intégrité

Nous avons souligné au début de cet ouvrage l'importance de l'estime de soi pour « vivre une belle vie ». Et que cette estime de soi, pour l'adulte, peut s'appuyer essentiellement sur les éléments clés suivants :

- Vivre avec conscience.
- S'accepter soi-même.
- Accepter les autres.
- S'accepter responsable.
- Développer un sentiment d'assurance personnelle.
- Vivre avec des buts réfléchis.
- Vivre avec une intégrité personnelle.

En guise de conclusion, faisons quelques ouvertures sur d'autres pistes et d'autres richesses qui découlent d'une saine estime de soi, et voyons comment ces éléments clés peuvent influencer notre vie, dans différentes circonstances.

Estime de soi et recherche du bonheur

Au cœur de la notion d'estime de soi, nous l'avons vu au tout début de cet ouvrage, il y a la recherche du bonheur, d'une vie heureuse. L'angoisse du bonheur est pourtant un sentiment que nous connaissons bien, un sentiment qui murmure en nous : *« Je ne le mérite pas », « Cela ne durera pas », « Ce n'est pas normal, un malheur va sûrement m'arriver », « Il n'y a aucune raison pour que je sois heureux* », « *Le bonheur, ça n'existe pas...* » : ce que certains spécialistes appellent le « bonheur anxieux ».

Notre estime de soi est parfois mise à rude épreuve, en particulier si les « valeurs » que l'on nous a inculquées dans notre enfance nous ont appris que « *nous ne valons rien* », « *que la vie est dure et qu'il faut se battre en permanence, que rien n'est jamais gagné* », « *qu'il faut se dévouer entièrement aux autres* », « *que le plaisir est un péché* ». Pour accepter le bonheur tel qu'il peut nous être proposé dans le fil de notre vie, nous devons nous confronter à cette voix intérieure destructrice (où nous reconnaissons parfois notre père ou notre mère), et non la fuir : engageons un dialogue intérieur avec elle, mettons-la au défi de donner ses raisons. Répondons-lui patiemment, réfutons ses arguments, traitons-la comme on traite une personne réelle, et distinguons-la de la voix de notre moi adulte. Et acceptons le bonheur lorsqu'il se présente.

Ce qui nous est demandé, même si cela paraît curieux, est le courage de *tolérer le bonheur* sans autosabotage. L'autosabotage, c'est faire notre malheur volontairement, c'est faire tout notre possible pour que les bonnes choses qui pourraient nous arriver ne nous arrivent pas : refuser la rencontre qui pourrait déboucher sur une relation amoureuse ; nous dévouer pour faire une action dont nous ne voulons pas ; trouver de bonnes raisons pour travailler tard le soir ou le week-end, et éviter ainsi de passer du temps avec notre conjoint ou nos enfants, etc. Ces comportements d'autosabotage, de refus du bonheur, peuvent avoir pour cause une faible estime de soi, et entretiennent sa faiblesse. Heureusement, le processus peut être inversé, par petits pas : « *Et si j'acceptais cette rencontre ? Et si je rentrais plus tôt aujourd'hui ? Et si je proposais à mon conjoint un week-end en amoureux ? Et si...* »

Estime de soi et relations amoureuses

Il n'est pas difficile de constater l'importance de l'estime de soi dans les relations amoureuses. Pourquoi ? Parce que des relations amoureuses à peu près équilibrées et qui ont de bonnes chances de réussir et de se prolonger naturellement se basent sur un certain nombre d'éléments qui font partie intégrante de l'estime de soi.

- **Avoir le sentiment profond d'être capable d'aimer et de pouvoir être aimé**, ce qui signifie d'avoir suffisamment développé son sentiment d'identité. Inversement, si l'on n'a pas le sentiment que l'on peut être aimé, l'amour que nous porte l'autre devient incompréhensible.
- **Accepter que l'on a des richesses, des talents, des valeurs qui comptent et qui peuvent être appréciés par l'autre**. Ainsi, on n'est pas piégé par des sentiments d'infériorité vis-à-vis de l'autre.
- **Avoir le sentiment d'avoir droit au bonheur, ne pas avoir peur du bonheur**. Si l'estime de soi est dégradée, écrasée ou détruite, l'idée même de pouvoir être heureux avec l'autre disparaît, et la relation affective devient déséquilibrée et difficile.
- **Avoir le sentiment d'avoir quelque chose à donner**. Dans la relation affective, on donne et l'on reçoit. Si une mauvaise estime de soi conduit au sentiment que nous n'avons rien à donner à l'autre, il est difficile de bâtir une relation durable.
- **Être capable d'entrer en relation avec l'autre, d'accepter l'altérité, la différence**. Là encore, l'estime de soi est cruciale car, pour bien entrer en relation avec l'autre et l'accepter tel qu'il est, il faut être bien avec soi-même.
- **Se sentir responsable de la relation amoureuse**. Si nous avons développé un sentiment général de responsabilité, nous l'appliquerons naturellement dans le cadre de la relation amoureuse.
- **Accepter de prendre des risques**. Les relations amoureuses – comme la cour de récré à l'école ! – est un lieu où l'estime de soi est mise à rude épreuve, car vouloir séduire, c'est prendre des risques, c'est donner à l'autre la possibilité de nous rejeter. Derrière cette prise de risques, il y a le sentiment d'assurance personnelle, fort ou faible, qui participe à notre estime de soi. Des personnes avec une faible estime de soi auront tendance à éviter les risques (inhérents à toute relation amoureuse) et vivront des expériences décevantes. Heureusement, l'alchimie complexe des relations amoureuses fait que nous pourrons à l'occasion prendre des risques (à notre grande surprise) malgré une faible estime de soi, et que cette relation amoureuse jouera un grand rôle pour la renforcer.

- **Avoir le but de réussir sa relation amoureuse, et s'en donner les moyens**. Il est facile d'imaginer que « l'amour » suffit, que le bonheur viendra, et que s'il ne vient pas, cela signifie simplement que nous nous sommes trompé. Mais l'on se demande rarement : « *Si mon but est d'avoir une relation affective réussie, que dois-je faire ? Quelles actions sont nécessaires pour créer et soutenir la confiance, l'intimité, la découverte mutuelle continue, le plaisir ?* » Il nous est souvent plus facile d'appliquer notre énergie à réussir dans notre travail que dans notre vie affective ou notre vie intérieure – et c'est pourquoi beaucoup de personnes réussissent leur vie professionnelle et échouent dans leur vie personnelle ou affective.

Estime de soi et travail

Dans le monde du travail, l'estime de soi peut également jouer un rôle considérable. Une estime de soi dégradée peut :

- nous faire vivre un sentiment d'insécurité, la peur permanente de perdre notre travail sans espoir d'en retrouver un autre ;
- nous faire nous sous-estimer, nous discréditer ; nous faire refuser de reconnaître notre vraie valeur ;
- nous pousser à postuler pour des postes inférieurs à nos capacités ;
- nous faire considérer que les autres sont toujours meilleurs que nous ;
- nous faire refuser une promotion, par peur de ne pas réussir ;
- nous faire craindre de prendre la parole, de nous mettre en avant ;
- nous rendre difficile d'imaginer un plan de carrière ;

- nous faire refuser des challenges, des défis, des risques, la responsabilité de projets ;

- nous pousser à avoir des comportements de vantardise pour cacher nos faiblesses ;
- nous faire rechercher le pouvoir à tout prix, pour tenter de nous prouver que nous avons de la valeur ;
- nous pousser à décrédibiliser les autres, pour cacher nos faiblesses ;
- développer en nous des sentiments de jalousie envers d'autres ;
- nous rendre incapable de dire *non*, même si cela va à l'encontre de nos valeurs et de notre intégrité personnelle.

Inversement, la vie professionnelle peut être l'occasion de développer une estime de soi qui a du mal à se fortifier ailleurs, dans la vie familiale ou personnelle. L'épanouissement au travail est alors vécu comme fondateur de la personnalité, avec malgré tout des risques :

- tout donner à son travail, au détriment de sa vie personnelle, de sa vie familiale ou affective ;
- la tentation, pour obtenir l'excellence de ses collaborateurs ou employés, d'utiliser des formes de management brutales, destructrices de l'estime de soi (harcèlement moral, critiques permanentes, dénis de compétences, etc.).

Chômage et estime de soi

Le chômage représente une accumulation de pertes (statut, revenus, liens sociaux) qui peuvent influencer profondément l'estime de soi d'une personne. Cet arrêt imposé oblige la personne à réfléchir sur elle-même, à entrer dans une démarche de *conscience* (premier élément clé de l'estime de soi) qu'elle n'avait parfois jamais faite et qui peut être douloureuse – et parfois aussi bénéfique. Cette blessure à l'estime de soi met souvent du temps à guérir – si elle guérit jamais.

Estime de soi et créativité

Qu'est-ce que la créativité ? C'est une notion complexe, dont on peut donner diverses composantes et où nous reconnaissons plusieurs éléments fondamentaux de l'estime de soi :

- C'est faire quelque chose qui sort du connu, en dehors de ce qui existe déjà.
- C'est avoir le sentiment d'être capable de faire des choses nouvelles.
- C'est avoir le sentiment que nous avons quelque chose de nouveau à apporter au monde autour de nous.
- C'est penser que les changements dans le monde (dans notre sphère de compétence) ne seront pas réalisés uniquement par les autres, mais que nous pouvons y avoir notre part, à notre niveau.
- C'est donner de la valeur à nos propres pensées et à nos idées, c'est accorder de la valeur aux productions de notre esprit.
- C'est être capable de prendre des risques pour sortir du connu, d'accepter de pouvoir se tromper, d'être mal reçu par les autres – sans vivre un sentiment d'échec destructeur.

Au contraire, lorsque nous avons une faible estime de soi, nous avons tendance à rejeter les productions de notre esprit en ne leur accordant pas d'importance, et en n'en prenant parfois même pas conscience. Nous avons une attitude de refus de la créativité : « *Si cette idée vient de moi, elle n'est sûrement pas bonne.* »

Estime de soi et intégrité

Le dernier pilier de l'estime de soi, nous l'avons vu, est *l'intégrité*, cette capacité à vivre et à agir en accord avec nos pensées et nos valeurs. Le premier pilier – *accepter la réalité* – met également en avant la probité intellectuelle, cette honnêteté à accepter les faits et à les respecter.

Si, dans la société où nous vivons, dans l'entreprise, en politique ou dans les religions, les hommes et les femmes qui ont des charges élevées ont une forte intégrité, une probité exemplaire, une morale sans faille, il est relativement facile pour une personne moyenne de pratiquer l'intégrité. L'exemple vient de haut, et il est respectable.

Mais vivre avec intégrité devient beaucoup plus difficile dans une société où la corruption, le cynisme, l'hypocrisie, le mensonge, le non-respect des lois et l'amoralité sont la norme. Lorsque des personnalités publiques banalisent ces comportements, lorsque des responsables d'entreprise prennent des décisions irresponsables et parfois mortelles, lorsque l'on étale avec complaisance les comportements dépravés de responsables de haut niveau, nous pouvons avoir le sentiment que la recherche d'une intégrité personnelle et d'une probité intellectuelle est stupide, futile et irréaliste, à moins d'être soi-même extraordinairement indépendant et autonome. « *Tout le monde fait comme ça, pourquoi pas moi ?* », « *Tout le monde triche, vole, pourquoi pas moi ?* ». Et parfois même, des personnes directement en charge de l'État ou de l'entreprise n'ont plus de sentiment de culpabilité lorsqu'elles violent les lois. Comment alors garder son intégrité dans ce monde, corrompu par les gens qui le dirigent et qui semblent se donner en exemple ?

La pratique de l'intégrité personnelle, l'ultime pointe de l'estime de soi, devient alors une démarche solitaire, presque héroïque, à contre-courant d'un monde qui semble vivre dans un chaos moral.

Pourtant, c'est peut-être une clé essentielle d'un changement de notre société. Car si l'intégrité et la probité intellectuelle sont des éléments essentiels d'une véritable estime de soi au niveau personnel, ce sont aussi des *sources* de l'estime de soi au niveau de notre société, sources dont nous avons un immense besoin. Pour changer les autres, il faut d'abord se changer soi-même, disent les anciennes sagesses. Pour développer une société intègre, il faut tendre, à tout prix, à vivre soi-même avec intégrité. Et alors l'estime de soi, dans toutes ses dimensions, sera notre compagne.

RESSOURCES COMMENTÉES

Bibliographie

ANDRÉ, C., LELORD, F. *L'estime de soi – S'aimer pour mieux vivre avec les autres* (éditions Odile Jacob). Les deux auteurs, psychothérapeutes, proposent un livre passionnant et pratique pour les adultes, et explorent notre rapport au quotidien avec l'estime de soi.

BRANDEN, N. *The Six Pillars of Self-Esteem* (éditions Bantam, New York). Nathaniel Branden est le grand spécialiste de l'estime de soi. Son livre, à la fois très complet et très pratique, traite plutôt du développement de l'estime de soi de l'adulte.

DUCLOS, G., LAPORTE, D., ROSS, J. *L'estime de soi des adolescents* (éditions de l'Hôpital Sainte-Justine, Québec). Suite du livre précédent, intéressant par ses aspects très pratiques sur les comportements parentaux.

LAPORTE, D. *Favoriser l'estime de soi des 0 – 6 ans* (éditions de l'Hôpital Sainte-Justine, Québec). Propose des pistes d'action très pratiques pour développer les caractéristiques essentielles de l'estime de soi chez le petit enfant.

WHITE, M., *Magic Circles : Self-Esteem for Everyone in Circle Time* (Lucky Duck Publishing). Le livre de référence sur le *Circle Time*, avec de nombreuses applications pratiques pour les enfants et les adultes.

Sites Internet

www.estime-de-soi.com : site québécois et son oiseau moqueur (sans doute en référence au merveilleux et célèbre livre *Ne tirez pas sur l'oiseau moqueur* de Harper Lee).

www.self-esteem-international.org/index.htm : *International Council For Self-Esteem*, réseau de chercheurs et de praticiens sur l'estime de soi.

TABLE DES MATIÈRES

Dans la même collection

Stéphanie Bujon Laurence Einfalt
EYROLLES PRATIQUE
J'aide
mon enfant
à s'organiser
EYROLLES

Sylvie Sarzaud
EYROLLES PRATIQUE
J'aide mon enfant
à surmonter
son stress
EYROLLES

Emmanuelle Guilhamon-Juglar
EYROLLES PRATIQUE
J'aide mon ado
à se prendre en main
EYROLLES

PEFC
PEFC/10-31-1316

Jouve, 1 rue du Docteur Sauvé, 53100 Mayenne
N° d'imprimeur : 2167793C
Dépôt légal : septembre 2014

Imprimé en France